AF093835

www.ingramcontent.com/pod-product-compliance
Lightning Source LLC
LaVergne TN
LVHW010619070526
838199LV00063BA/5208

9789358721393

بیگ احساس

جدید افسانے کا باوقار نام

(چہار سو خصوصی شمارہ)

ادارہ چہار سو

Baig Ehsas : Jadeed Afsaney ka bawaqaar naam
by: Idara Chaharsu
Edition: July '2023
Publisher:
Taemeer Publications (Hyderabad, India)

ISBN 978-93-5872-139-3

کتاب	:	**بیگ احساس : جدید افسانے کا باوقار نام**
مصنف	:	**ادارہ چہار سو**
صنف	:	تحقیق و تنقید
ناشر	:	تعمیر پبلی کیشنز (حیدرآباد، انڈیا)
سالِ اشاعت	:	۲۰۲۳ء
صفحات	:	۵۴

قرطاسِ اعزاز

زندگی کے ساتھ ساتھ

چہارسُو

جلد۲۷، شمارہ: مئی، جون ۲۰۱۸ء

ای۔میل: chaharsu@gmail.com

سرمئی شام کا اُجالا

محمد انعام الحق
(اسلام آباد)

نام : محمد بیگ
قلمی نام : بیگ احساس
والد : مرزا خواجہ حسن بیگ
وطن : حیدرآباد دکن
تاریخ پیدائش: 10/اگست 1948ء
پتہ:
8-1-398/PM/416، یاسر انکلیو، فلیٹ نمبر 401، پیراماونٹ ہلز، ٹولی چوکی، حیدرآباد 008 500
فون : 9849256723
تعلیم:
بی۔اے، عثمانیہ یونیورسٹی، 1975ء
ایم۔اے (اردو)، عثمانیہ یونیورسٹی، 1979ء
پی۔ایچ۔ڈی (اردو)، یونیورسٹی آف حیدرآباد، 1985ء
شادی: 22/دسمبر 1975ء
اولاد: فرح تزئین، مرزا خاور حسن بیگ، شیبا سمین، ثوبیہ نوشین، مرزا کاشف حسن بیگ، مرزا عماد بیگ
مشاغل، ملازمت:
لکچرار، عثمانیہ یونیورسٹی، 1984ء
ریڈر، عثمانیہ یونیورسٹی، 1992ء
پروفیسر، عثمانیہ یونیورسٹی، 2000ء
پروفیسر یونیورسٹی آف حیدرآباد، 2006ء
صدر شعبۂ اردو، عثمانیہ یونیورسٹی، 2006-2000ء
صدر شعبۂ اردو، یونیورسٹی آف حیدرآباد، 2013 - 2007
مدیر: ماہنامہ ''سب رس'' حیدرآباد
مطبوعات:
۱۔ خوشۂ گندم (افسانوی مجموعہ)، انجمن معمار ادب، 1979ء
۲۔ حنظل (افسانوی مجموعہ)، مکتبہ شعر و حکمت، 1993ء
۳۔ کرشن چندر: شخصیت اور فن (تحقیق)، شعر و حکمت، 1999ء
۴۔ شور جہاں (تنقیدی مضامین)، مکتبہ شعر و حکمت، 2005ء
۵۔ ہزار مشعل بکف ستارے (انتخاب)، 2005ء
۶۔ مرزا غالب (تعلیم بالغان)، 2004ء
۷۔ بوجھ کیوں بنوں (تعلیم بالغان)، 2004ء
۸۔ شاذ تمکنت (مونوگراف)، ساہتیہ اکیڈیمی، نئی دہلی، 2010ء
۹۔ دکنی فرہنگ (بہ اشتراک، ڈاکٹر ایم۔ کے۔ کول)، 2012ء
۱۰۔ دَخمہ (افسانوی مجموعہ)، عرشیہ پبلی کیشنز، نئی دہلی، 2015ء
کہانیوں کا انگریزی ترجمہ:
Twilight of the Mind (Selected Short Stories of Baig Ehsas)
ٹوٹن مکھرجی، 2009ء
اداروں سے وابستگی:
۱۔ ممبر مشاورتی بورڈ برائے اردو، ساہتیہ اکیڈیمی، نئی دہلی، 2001 - 1998، 2006 - 2002، 2017 - 2013
۲۔ رکن تخلیقی پینل، کونسل برائے فروغ اردو زبان، نئی دہلی، 2015ء سے
۳۔ ممبر گورننگ بورڈ، مرکز برائے تعلیم بالغان، 2004 - 2002، 2006 - 2005
۴۔ ممبر بھارتیہ گیان پیٹھ ایوارڈ، انتخاب برائے اردو زبان، 2012 - 2005
۵۔ ممبر ریویو کمیٹی، اردو پروگرام، اردو نیوز بلٹن، پرسار بھارتی، دوردرشن کیندر، حیدرآباد 2009 - 2008
۶۔ رکن عاملہ، ادارۂ ادبیات اردو، حیدرآباد، 2010 سے
۷۔ رکن عاملہ، مولانا ابوالکلام آزاد اورینٹل ریسرچ انسٹی ٹیوٹ، 2010 سے
۸۔ رکن مجلس مشاورت، ''دریافت'' تحقیقی مجلّہ، یونیورسٹی آف موڈرن لنگویجس، اسلام آباد 2013 - 2006
۹۔ رکن مجلس مشاورت، ''تخلیقی ادب'' یونیورسٹی آف موڈرن لنگویجس، اسلام آباد 2013 - 2006
۱۰۔ رکن مجلس ادارت ''ادب و ثقافت'' تحقیقی مجلّہ، مولانا آزاد نیشنل اردو یونیورسٹی، حیدرآباد 2017ء سے
۱۱۔ رکن مجلس ادارت ''ترسیل''، تحقیقی و تنقیدی مجلّہ، نظامت فاصلاتی تعلیم، کشمیر یونیورسٹی، سری نگر، کشمیر 2016ء سے
۱۲۔ صدر، انجمن ترقی پسند مصنفین، حیدرآباد، 2017ء سے
۱۳۔ صدر، حیدرآباد لٹریری فورم 2016 - 2013ء
۱۴۔ ایڈیٹر، ''اقبال ریویو'' اقبال اکیڈیمی، حیدرآباد کا ترجمان 2002 - 2000
۱۵۔ معتمد، مجلس علمیہ، اقبال اکیڈیمی، حیدرآباد 2004 - 2000

بیرونی ممالک کا سفر:

۱۔ پاکستان 1989ء

۲۔ لندن 2005ء

۳۔ ریاض 2008ء

انعامات واعزازات:

۱۔ بیسٹ ٹیچر ایوارڈ، آندھرا پردیش اردو اکیڈمی 2002ء

۲۔ لائف ٹائم اچیومنٹ ایوارڈ، آندھرا پردیش اردو اکیڈمی، 2013ء

۳۔ بیسٹ رائٹر ایوارڈ، تلنگانہ اسٹیٹ 2016ء

۴۔ ساہتیہ اکیڈمی ایوارڈ (افسانوی مجموعہ ''دخمہ'')، 2017ء

دیگر سرگرمیاں:

۱۔ نہرو سنٹر، لندن کے زیر اہتمام منشی پریم چند کے 125 ویں یوم پیدائش کے موقع پر منعقدہ سمینار میں شرکت

۲۔ ہندوستانی بزم اردو، ریاض کی جانب سے منعقدہ ''بیگ احساس کے ساتھ ایک شام'' میں شرکت، فن اور شخصیت کے بارے میں ڈیجیٹل، سوینیر کی رسم اجراء

۳۔ قومی اور بین الاقوامی سمیناروں میں شرکت کی اور قومی بین الاقوامی سمینار اور ورک شاپس کا اہتمام کیا۔

۴۔ گلبرگہ یونیورسٹی اور گری راج کالج، نظام آباد کے نصاب میں افسانوں کو شامل کیا گیا۔

ریڈیو اور ٹیلی ویژن:

۱۔ گزشتہ چالیس برس میں ریڈیو اور ٹی وی کے مختلف پروگراموں اور مذاکروں میں حصہ لیا۔

۲۔ مولانا آزاد نیشنل اردو یونیورسٹی کے لیے ''انتظار حسین'' سے انٹرویو لیا۔

۳۔ مولانا آزاد نیشنل اردو یونیورسٹی کے لیے ''اردو ادب اور ہندوستانی سنیما'' کے عنوان سے ویڈیو پروگرام میں حصہ لیا۔

۴۔ بی آر امبیڈکر اوپن یونیورسٹی کے لیے بے شمار ویڈیو اسباق تیار کیے۔

فن اور شخصیت پر تحقیقی کام:

۱۔ ''بیگ احساس کے افسانوی مجموعہ ''حنظل'' کا تنقیدی جائزہ'' کے عنوان پر محمد اشرف نے ایم۔فل کا مقالہ لکھ کر جموں یونیورسٹی سے ڈگری حاصل کی۔

۲۔ محمد یحییٰ نے ''بیگ احساس، فکر و فن'' کے عنوان سے پی۔ایچ۔ڈی کا مقالہ ساگر یونیورسٹی میں داخل کیا۔

۳۔ مولانا آزاد نیشنل اردو یونیورسٹی میں بیگ احساس کے فن پر تحقیقی کام ہو رہا ہے۔

خصوصی گوشہ:

۱۔ ماہ نامہ ''سب رس'' حیدرآباد، جنوری 2002ء

۲۔ سہ ماہی ''استعارہ'' دہلی، ستمبر 2003ء

آگ کا دریا

پروفیسر بیگ احساس

جب ہم لکھنے بیٹھتے ہیں تو تکنیک خود بخود وارد ہوتی ہے۔اس کے لیے ضروری نہیں کہ لکھنے والا اس پر پہلے سے سوچے۔ایک موسیقار کے ساتھ تو یہ مشکل ہے کہ ایک راگ کے لیے خواہ وہ تکنیک میں تبدیلی کرے بنیادی اصولوں سے انحراف ممکن نہیں لیکن میرے لیے یہ مشکل نہیں ہے۔کوئی بھی مختصر سا منظر یا کوئی امیج جو میری یادوں میں موجود ہو مجھے تحریک دیتا ہے اور میں لکھنا شروع کر دیتی ہوں۔تکنیک خود بخود پیدا ہو جاتی ہے۔(طلوع افکار، کراچی، مئی ۱۹۸۸ء قرۃ العین حیدر سے انٹرویو، سکریتا پال)

تکنیکی اعتبار سے قرۃ العین حیدر کے جس ناول کو سب سے زیادہ اہمیت حاصل ہوئی وہ ''آگ کا دریا'' ہے۔اس ناول پر یہ الزام بھی لگایا گیا کہ قرۃ العین حیدر نے ورجینیا وولف کے ناول Ornaldo سے تاثر قبول کیا ہے جب کہ قرۃ العین حیدر نے ''آگ کا دریا'' (۱۹۸۹ء) کے دیباچے میں اس بات کی وضاحت کی کہ انھوں نے ورجینا وولف کا ناول ''Ornaldo''،''آگ کا دریا'' لکھنے کے بعد پڑھا۔حقیقت جو بھی ہو لیکن قرۃ العین حیدر نے ''وقت'' کے ساتھ جو تجربہ کیا ہے وہ اردو ناول نگاری میں پہلی کامیاب کوشش ہے۔لیکن اس حقیقت سے بھی انکار نہیں کیا جا سکتا کہ اس ناول سے تیس پینتیس برس قبل عالمی ادب میں ''وقت'' پر عظیم ناول لکھے جا چکے تھے۔شعور کی رو کے بے شمار تجربے کیے جا چکے تھے۔تجربہ کرنے والوں میں برداش، کونراڈ، ہنری جیمس، جیمس جوائس، ڈورتھی رچرڈسن، ورجنیا وولف اور ولیم ولکز وغیرہ اہم ہیں۔ان کے بعد Gertrude Serin،Robbe-Grillet،Michael Butor، تھالی سروت نے نئے تجربے کیے اور ناول کے روایتی انداز کو توڑا۔ان ناول نگاروں نے ''وقت'' کے ساتھ جو ناول کی ساخت میں تبدیلی کی اس کا سرچشمہ برگساں ہے۔

Wyndham Lewis نے اپنی کتاب Time & Western Man میں لکھا ہے کہ ٹائم فلاسفی کا ننھا بیج اگر برگساں نہ لگاتا تو نہ پولیس ہوتی اور نہ (ہراوست کی) A La Recher Che Der Temps Pesdu ہوتی ہے۔کرستیوا کہتا ہے کہ کوئی بھی ادبی کتاب Isolated Phenomenon نہیں ہوتی بلکہ وہ Absorption and Transformation of another ہوتی ہے۔اس لیے ایک دوسرے کے اثرات سے انکار کرنا کوئی دانش مندی نہیں ہے۔

بیسویں صدی میں ''وقت'' پر جو تجربے کیے گئے اس کے باعث Time Novel جیسی اصطلاح رائج ہوئی۔ J.A. Cuddon نے ٹائم ناول کی یہ تعریف کی ہے جس میں شعور کی رو کی تکنیک کا استعمال کیا گیا ہو اور جس میں وقت ایک اہم تھیم کی حیثیت سے ابھر کر آتا ہے۔''آگ کا دریا'' کو بھی ہم ''ٹائم ناول'' قرار دے سکتے ہیں کیوں کہ اس میں شعور کی رو کی تکنیک کا بھرپور استعمال کیا گیا ہے۔

رابرٹ ہمفری نے شعور کی رو کو پیش کرنے کے چار بنیادی طریقے بتائے ہیں:''راست داخلی کلام (Direct Interior Monologue)، بالواسطہ داخلی کلام (Indirect Interior Monologue)، ہمہ بین مصنف کا بیان (Ominiscient Authro's Description) اور خود کلامی (Soliloquy) ہے۔

قرۃ العین حیدر نے ان طریقوں کو فنکارانہ انداز میں برتا ہے۔خاص طور پر ''ہمہ بین مصنف کا بیان والی تکنیک'' کا بخوبی استعمال کیا ہے۔اس میں بیان کی ساری ڈوریاں مصنف کے ہاتھ میں ہوتی ہیں۔Ominiscient کا مطلب سب کچھ جاننا ہے۔اس تکنیک میں مصنف اپنی رو میں اپنے کردار کی شعور کی رو کو بیان کرتا ہے اور بالواسطہ داخلی کلام میں وہ صرف کردار کے شعور کی رو کو پیش کرتا ہے۔اس تکنیک کے لیے Third Person کا استعمال ہوتا ہے۔یہ اقتباس ملاحظہ کیجیے:

''شام کو وہ چند کاغذات لینے کے لیے سرل کے کالج گئی۔رات کی ٹرین سے بہت سے ساتھی اپنے ملکوں کو لوٹ رہے تھے۔سینور کارلوس برازیل جا رہا تھا۔اس سے اس کی تکرار رومن کیتھولک فلسفے پر ہوتی تھی۔لڑکیاں اور لڑکے بارش سے بچنے کے لیے پھاٹک کے اندر کھڑے تھے۔پھاٹک کا بھاری پندرہویں صدی کا چوبی دروازہ اب آخری بار کھل کر بند ہو گیا۔اس کے بعد جب وہ یہاں آئیں گے تو سب کچھ تبدیل ہو چکا ہوگا۔بارش اور زور سے ہونے لگی۔پورٹر ٹیکسیاں لے کر آ رہے تھے۔لڑکوں نے برساتیوں کے کالر کان تک اٹھا لیے تھے۔لڑکیاں چھتریاں کھول رہی تھی۔سب خاموش تھے۔اب بات کیا کرنا کس قدر مضحکہ خیز معلوم ہوتا تھا۔مثلاً ڈورس سے یہ کہنا کہ جب میں اسٹیٹ آئی تو تم سے ملنے نارتھ ڈیکونا ضرور آؤں گی۔یا معیٹ یہ کہہ سکتی تھی کہ جب نیوزی لینڈ آؤ تو میرے ہاں ہی آ کر ٹھہرنا۔یہ سب کس قدر مسخرے پن کی بات تھی۔اگر یہ آخر وقت خدا حافظ کہنے کا سلسلہ نہ ہوا کرے تو انسان کس قدر زبردست کوفت سے بچ جائے مگر نہیں۔کھڑے ہیں بے ربط، بے تکے جملے ادا کیے جا رہے ہیں، نظریں بچا بچا کر آنسو پیے جا رہے ہیں۔لاحول ولا قوۃ۔ٹیکسیاں آئیں اور سب ایک ایک کر کے اس میں بیٹھ گئے۔پھاٹک بند ہو گیا۔ایک بار اس نے گھوم پھر کر سنسان کو اڈ رینگل کا کر لگایا''(ص ۸۵۔۴۸۴)

ہم تمام تر بیان کے دوران چمپا کے ذہن میں رہتے ہیں اور چمپا کے نقطہ نظر سے کالج کی گہما گہمی دیکھتے ہیں۔چمپا کے ان جذبات کو محسوس کرتے ہیں

جسے اس نے Speech Level پر اظہار نہیں کیا۔ اس میں Third Person کا استعمال ہے اور یہ بیانیہ تکنیک ہے۔

خودکلامی کا مطلب اپنے آپ سے باتیں کرنا ہے۔ اپنے خیالات یا محسوسات کا باآواز بلند اظہار ہے۔ خود کلامی ایک طرح سے کردار کے ذہن کی Live Commentary ہے۔ ''آگ کا دریا'' کا یہ اقتباس ہے دیکھیے:

''سامنے دیودار کا جنگل ہے۔ سرخ پتوں نے چاروں اور آگ لگا رکھی ہے۔ وادی میں ترمینس مکانوں کے پیچھے الگنیوں پر پھیلے کپڑوں میں سے لہراتی اُتر کی اور جارہی ہیں۔ پارک میں زرد پتے اڑ رہے ہیں۔ جھیل میں ایک کشتی ڈولتی ہے۔ آرام کرسیوں پر عسرت زدہ پنشن یافتہ بوڑھے اپنی بے یارومددگار آنکھوں کے سامنے دھند دیکھتے ہیں اور کانپتے ہاتھوں سے کاغذی لفافوں میں سے بن نکال کر کھا رہے ہیں۔ آج کا دن ایک اور دن ہے۔ پل پر سے انسانوں کے گروہ یونیورسٹی لاکورٹس سٹی کو جارہے ہیں۔ میں کون ہوتی ہوں کہ اس اہمیت میں شامل رہنے سے انکار کروں ہاں یہ بالکل صحیح ہے مجھے ڈر لگتا ہے روشن نے سوچا۔'' جنگل کی سرخ روشنی میں چھپ گیا۔ اس جنگل میں بھی گزری ہوں۔ ہم سب گزرے ہیں۔ میں نے اس میں ہیدر کے چھوٹے چھوٹے شگوفے جمع کیے تھے۔ (طلعت نے کہا)، (ص ۴۰۲)

یہ دو کرداروں روشن اور طلعت کی خود کلامی ہے۔ روشن سے متعلق مصنف نے لکھا ہے کہ ''روشن نے سوچا'' گویا جو کچھ بیان کیا گیا وہ روشن کی سوچ ہے۔ طلعت کے لیے قوسین میں لکھا گیا ہے کہ طلعت نے کہا Speech Level پر کہا یا نہیں یہ نہیں کہا جا سکتا۔ یہاں طلعت کسی سے مخاطب بھی نہیں ہے۔ یہ طلعت کے ذہن میں چل رہی سوچ ہے۔ اسے پڑھتے وقت طلعت کے کردار اور ہمارے بیچ مصنف موجود حائل نہیں ہے اور ہم براہِ راست روشن اور طلعت کی شعور کی رو میں شامل ہوجاتے ہیں۔

قرۃ العین حیدر اپنے کرداروں کے شعور کے کچھ تاریک گوشوں پر روشنی ڈالتی ہیں لیکن ان گوشوں کو پوری طرح Expoose نہیں کرتیں انھیں سنسر کر کے اور باضابطہ Decorate کر کے پیش کرتی ہیں۔ ہمیں اس ناول میں سنسر شدہ زیریں گفتگو جگہ جگہ بکھری پڑی ملتی ہے۔

''آگ کا دریا'' میں اکثر حصے Abstract نوعیت کے ہیں۔ یہاں بعض اوقات ایسی گفتگو کی گئی ہے جو حقیقت میں وقوع پذیر نہیں ہوئی بلکہ کرداروں کے بیچ ایک زیریں لہر چل رہی ہے:

''سندیشور؟ روشن بھاگتے بھاگتے تھک کر ایک پکڈنڈی پر بیٹھ گئی، تمہاری حقیقت دھندلکے میں چھپی ہے۔ عامر رضا نے انگلی اٹھا کر واضح کیا، میں اس کے سفر میں شامل رہوں؟ اس نے کہا اور گھاس پر بیٹھ کر غور وفکر میں ڈوب گیا'' (ص ۴۱۵۔۴۱۴)

شعور کی رو کے سلسلے میں کبھی کبھی کسی پیچیدہ نفسیاتی مرحلے کو پیش کر کے مصنف کوئی نظم یا آزاد نظم یا Droggered تحریر کرتا ہے۔ آگ کا دریا میں قرۃ العین حیدر نے دانستہ طور پر نثر میں آہنگ پیدا کرنے کی کوشش کی ہے۔ چھوٹے چھوٹے فقروں پر مشتمل پیراگراف تحریر کیے ہیں۔ اس میں انھوں نے Hyphen (خط فاصل) لگائے ہیں۔ اگر یہ خط فاصل نکال دیئے جائیں تو وہ پیراگراف اس طرح پڑھا جاسکتا ہے:

ان بتیوں کو جگمگانا ہے سدا
ان کھیتوں کو لہلہانا ہے سدا
ہم، کیا گورے کیا کالے
سب ایک ہیں۔ ایک ہیں
ہم موت پر ہنسنے والے سب ایک ہیں
ایک ہیں، کہہ رہے ہیں ہم ہیں شکتی مان
اور وشومانت پہ ست گان
خطرہ ہو بلیدان کا
خطرہ ہو بلیدان کا
جوانیاں ہیں گا رہی
ہنسی خوشی منا رہی
دنیا بھر سے ایک ہوئے نوجوان
نوجوان (ص ۴۱۵)

ان چھوٹے چھوٹے فقروں کے آہنگ سے انھوں نے بیک وقت کئی Stream یا روئیں پیدا کی ہیں۔ ہر رو کسی کردار کے شعور سے تعلق رکھتی ہے۔ بیک وقت کئی روؤں کو اس طرح پروجیکٹ کیا گیا ہے کہ ہم ان کرداروں کو شناخت نہیں کر سکتے۔ اس طرح کی ایک اور مثال ہے جس میں آہنگ صاف طور پر محسوس کیا جاسکتا ہے۔

آج کا دن اور دن ہے
پل پر سے انسان کے گروہ
لاکورٹس سٹی کی اور جارہے ہیں
میں کون ہوتی ہوں کہ
اس اہمیت میں شامل رہنے سے انکار کروں
ہاں یہ بالکل صحیح ہے
مجھے ڈر لگتا ہے
چوزے کے سرائے میں وہ سب
سرخ میزوں کے گرد جمع
باتوں میں مصروف ہیں
یہ کون لوگ ہیں؟
کیا یہ Zero Hour ہے؟

مجھ سے بہت فاصلے پر
لڑائیاں جاری ہیں
اور سال یہاں ختم ہوا جاتا ہے
کیا یہ صحیح ہے کہ
ایک کرائسس آ کر گزر گیا؟
میں کیوں فکر کروں
جب کہ آج کی تہلکہ خیز خبریں
کل ردّی میں بکتی ہیں؟ (ص۴۰۲)

فکشن میں شعور کی رو کو قابو میں رکھنے کے لیے آزاد تلازم کا استعمال کیا جاتا ہے۔ آزاد تلازمے کے بارے میں سبھی ماہرین نفسیات اس بات پر متفق ہیں کہ نفس یا Psyche ایک مسلسل کیفیت ہے۔ یہ زیادہ عرصے تک کسی ایک چیز پر قانع نہیں رہتا۔ چوں کہ شعور کو کچھ نہ کچھ مواد چاہیے، یہ اسے آزاد تلازم کے ذریعہ مل جاتا ہے یعنی ایک چیز کسی دوسری چیز کی طرف لے جاتی ہے، دوسری چیز کسی اور چیز کی طرف۔ یہ چیزیں ایک دوسرے سے اس لیے رشتہ قایم کر لیتی ہیں کہ یا تو ان میں کچھ مشترکہ خصوصیت ہوتی ہیں یا یہ بالکل ایک دوسرے کے برعکس ہوتی ہیں۔ یا ان میں کوئی ایسی چیز ہوتی ہے جو بے ساختہ دوسرے کی یاد دلاتی ہے اس کو آزاد تلازم کہتے ہیں۔ رابرٹ ہمفری تلازم کو قابو میں رکھنے کے لیے تین چیزیں ضروری سمجھتا ہے:

(۱) یادداشت (۲) احساس اور (۳) تصور

''آگ کا دریا'' میں قرۃ العین حیدر نے آزاد تلازم کی تکنیک کا استعمال بڑی خوبی سے کیا ہے۔ انھوں نے آزاد تلازم کے ذریعہ رو یعنی Stream کو جس عمدگی سے پیش کیا ہے اس کی ایک مثال دیکھئے۔ واقعہ یہ ہے کہ گوتم ٹڈ ہرسٹ کے ایک سینی ٹوریم میں زیر علاج نرملا کی مزاج پرسی کے لیے آتا ہے۔ یہاں پر ایک گوتم وہ ہے جو کہ خارجی سطح پر نرملا کے سامنے بیٹھا ہے۔ اس سے باتیں کر رہا ہے لیکن حقیقی گوتم وہ ہے جس کے شعور میں اس وقت ہلچل جاری ہے:

''گوتم ڈوبتے دل سے اس کے قریب بیٹھ گیا مگر وہ بہت خوش نظر آنے کی کوشش کر رہی تھی۔ اب وہ اس سے حسبِ معمول لندن کے تازہ ترین اسکینڈل سنانے کی فرمائش کرے گی۔ دوستوں کے جم غفیر کی فرداً فرداً خیریت دریافت کرے گی۔ بات بات میں جرح کرے گی نرملا 'تو' جس کا میں نے کبھی نوٹس نہ لیا تھا۔ اب تو میری روح میں شامل ہے۔ مگر وہ دو لڑکیوں کو بیک وقت کس طرح چاہ سکتا ہے، یہ اس کی سمجھ میں نہ آیا اور یہ لڑکی جس میں چمپا والی کوئی خطرناک خصوصیات موجود تھیں، سیدھی سادی خوش خلق معصوم لڑکی۔ چمپا جو ''وومن آف دی ورلڈ'' بن چکی تھی ہمیشہ مردوں کو اپنی خطرناک کشش سے رجھاتی آئی تھی۔ تجربہ کار تھی اور زمانے کی اونچ نیچ دیکھے ہوئے مگر اس کے باوجود بے بس تھی اور اس کی توجہ کی منتظر تھی جو بستر مرگ پر پڑی تھی۔ گھریلو ناتجربہ کار، اس کی توجہ کی منتظر۔ وہ چمپا کو یکسر بھول جائے گا۔ کس قدر کوشش کے بعد پچھلے پانچ برسوں میں اس نے چمپا کو اپنے خیالوں کے دیس سے نکالا دے دیا تھا۔ ایک ملک اور دوستوں کے حلقے میں رہنے کے باوجود اس نے بڑی کامیابی سے احتراز کیا تھا۔ مگر اب چمپا کی پکار سے مقابلہ کرنا اس کے بس میں نہیں تھا۔ یہ پکار میڈرڈ اور روم اور وی آنا میں بجتے آکسٹراز میں سنائی دیتی ہے، بارش کی پھواریں بازاروں اور طعام خانوں کی چہل پہل میں، اطلانتک کی لہروں میں، نیویارک کے شور و شغف میں، ہر جگہ یہ پکار اس کا پیچھا کرتی آ رہی تھی۔ آوازوں کے ظلم سے وہ عاجز آ گیا تھا۔ شاید سناٹا اس کے مقدر میں نہ تھا۔ چمپا آواز تھی۔ نرملا سناٹا۔ چمپا نے اس سے طرح طرح کی باتیں کی تھیں۔ لکھنو کے شاہ باغ میں کئی سڑکوں پر ٹہلتے ہوئے، کوسی نگر کے کھیتوں کی پگڈنڈیوں پر سے گزرتے، ہوٹل کے ڈرائنگ رومز میں بیٹھے ہوئے، پلنگوں میں اودھم مچاتے ہوئے، اسے وہ سب باتیں یاد تھیں۔ وہ سب شامیں، دوپہریں، لحات وہ سب سروں کا ایک تسلسل قایم تھا، اٹل اور مضبوط، کیوں کہ جب گیت ختم ہوئے تب بھی سُر فضا میں موجود رہتا ہے۔ نرملا خاموش تھی۔ برسات کی دوپہر کا سکون، جب بارش ہو کر کھلی ہو، کہر آلود سرسوں کے کھیتوں کا سناٹا۔ نرملا نے اس سے کبھی شخصی باتیں نہ کی تھیں۔ چمپا کے ہر لفظ ہر انداز کے ذریعہ دوسرے انسان سے ایک غیر مرئی Mystic رشتہ قایم ہو جاتا تھا۔

اسے یاد آیا مدتیں گزریں، جب وہ پہلی مرتبہ لکھنو گیا تھا۔ اس نے سنگھاڑے والی کوٹھی کے برآمدے میں بیٹھ کر اپنی اس وقت کی محبوبہ شانتا نیلمبر کو خط میں لکھا تھا کہ گو مجھے آفیشیل طور پر بردکھوے کے لیے یہاں بلایا گیا ہے مگر میری منگیتر نرمل رانی کو اپنی الٹی سیدھی بحثوں ہی سے فرصت نہیں جو میری طرف توجہ کریں۔ ہاں نرملا میں بڑی شان اور تمکنت تھی۔ اس میں خودسپردگی کا انداز کبھی نہ آیا۔ وہ علاحدہ رہی تھی۔ غیر شخصی اور خاموش۔ دیبی کی طرح بلند اور اُتم، دیبی کی طرح سکون بخشنے والی اب مجھے تھوڑا سا سکون بخش دے۔ اس نے نرملا پر جھک کر دل میں کہا اور اس کے ماتھے پر ہاتھ رکھا۔

''گوتم!''

''ہاں.....بی بی.....''(ص۸۹-۴۸۸)

یہاں سین کٹ ہو جاتا ہے۔ اس کٹنگ کے ساتھ ہی گوتم Speech Level پر واپس آ جاتا ہے اور کچھ ہی دیر میں وہ نرملا کی فرمائش پر سریکھا کے فلیٹ کا جغرافیہ بیان کرتا ہے۔ اس طویل اقتباس میں یادداشت احساس اور تصور کے ذریعہ آزاد تلازم کو قابو میں کرنے کی کوشش کی گئی ہے۔

گوتم چمپا کے قریب بیٹھا ہے..... محسوس کرتا ہے کہ وہ خوش نظر آنے کی کوشش کر رہی ہے۔ نرملا سے متعلق اندازہ قایم کرتا ہے کہ وہ حسب معمول

لندن کے تازہ ترین اسکینڈل وغیرہ سنانے کی فرمائش کرے گی۔محسوس کرتا ہے کہ نرملا اس کی روح میں شامل ہے اسی کے ساتھ اسے تعجب ہوتا ہے کہ وہ دولڑکیوں کو کس طرح چاہے گا۔اس کے ساتھ ہی اسے چمپا یاد آتی ہے۔اسے چمپا کی خطر ناک کشش یاد آتی ہے۔وہ نرملا کی طرف لوٹ آتا ہے جو چمپا کے برعکس ہے۔وہ سوچتا ہے کہ چمپا کو بھول جائے اس کے ساتھ ہی اپنے گزشتہ پانچ برس کے تجربات یاد کرتا ہے کہ کس طرح اس نے چمپا کو بھولنے کی کوشش کی۔وہ تصور کرتا ہے کہ کس طرح چمپا کی پکار اس کا پیچھا کرتی ہے۔وہ چمپا کو آواز اور نرملا کو سناٹا تصور کرتا ہے۔وہ چمپا کی باتیں یاد کرتا ہے(وہ سارے مقامات اسے کسی نیوز ریل کی طرح یاد آتے ہیں جہاں پر وہ چمپا سے ملا تھا)لکھنو کے بادشاہ باغ کی سڑکیں، کوسی نگر کے کھیتوں کی پگڈنڈیاں، گلفشاں اور سنگھاڑے والی کوٹھی۔ پروفیسر بنرجی کا گھر کیلاش کے ہوٹل کے ڈرائنگ روم، پلنکیں۔وہ محسوس کرتا ہے کہ یہ تمام یادیں سروں کی تسلسل کی طرح قایم ہیں۔

وہ پھر نرملا کی طرف لوٹ آتا ہے۔نرملا کے لیے خاموشی کا پیکر تراشتا ہے۔گومتی کی خاموشی۔ برسات کی دوپہر کا سکون جب بارش ہوکر کھلی ہو۔ کہر آلود سرسوں کے کھیتوں کا سناٹا۔ وہ محسوس کرتا ہے کہ نرملا نے اس سے کبھی شخصی باتیں نہیں کی تھیں۔ شخصی باتوں کے ساتھ اسے چمپا یاد آتی ہے۔اسی کے ساتھ وہ زمانہ یاد آتا ہے جب وہ پہلی بار لکھنو گیا تھا۔اسے وہ واقعہ یاد آتا ہے جب اس نے اپنی اس وقت کی محبوبہ شانتا نیلمبر کو خط لکھا تھا۔خط میں اس نے نرمل رانی کے متعلق لکھا تھا،اس لیے وہ پھر ماضی سے حال میں آجاتا ہے یعنی شانتا نیلمبر سے نرملا کی طرف۔نرملا کی موجودگی کو محسوس کرتا ہے۔وہ نرملا کو ایک ایسی دیبی تصور کرتا ہے جو بلند اور اتم ہے اور سکون بخشتی ہے۔وہ داخلی خود کلامی کرتے ہوئے نرملا کے ماتھے کو چومتا ہے۔ان تمام تر واقعات کے دوران گوتم کا یہ پہلا فزیکل ایکشن ہے۔نرملا کے پکارنے اور گوتم کے جواب دینے کے ساتھ ہی گوتم کے شعوری منظر کی کٹنگ ہوتی ہے۔

شعور کی رو میں Cinematic Devices کا بھی استعمال کیا جاتا ہے۔فلم چوکہ غیر متحرک چیزوں کو بھی متحرک کرنے کی طاقت رکھتی ہے اور اس سے نئے معنی وضع کرنے میں مدد ملتی ہے۔قرۃ العین حیدر نے بھی غیر متحرک کو متحرک یا In-Animate کو Animate کرنے کی تنیک سے استفادہ کیا ہے۔دو مثالیں دیکھئے:

لائبریری کی چھت پر سے ایک اکیلا چنڈول اڑتا ہوا نکل گیا۔ کتابوں کے الفاظ جلوس بنا کر چاروں اور پھیل گئے۔لاطینی،فرانسیسی، انگریزی کے بے معنی الفاظ کے معنی اگیا بھتال کی مانند منہ چڑا رہے تھے۔بہت سے الفاظ ٹیرس پر رکھی ہوئی توپ پر چڑھ کر بیٹھ گئے اور اپنی پتلی پتلی،کالی کالی ٹانگیں ہلانے لگے۔توپ نے گرج کر اطلاع دی''میرا نام لارڈ کارنوالس رکھا گیا تھا اور میں سرنگا پٹنم میں استعمال کی گئی تھی''ٹیرس پر بیٹھے ہوئے پتھر کے شیر اوراوپر چھت کے منڈیر پر ایستادہ مجسمے زور زور سے قہقہے لگانے لگے۔(ص۳۳۳)

کتابوں سے نکلے ہوئے الفاظ، پتھر کے شیر اور مجسمے محترک ہو جاتے ہیں۔الفاظ ٹیرس پر رکھی توپ پر چڑھ کر اپنی اپنی پتلی پتلی کالی کالی ٹانگیں ہلاتے ہیں Cinematic Devices کی تشکیل فیڈ آوٹ،سلواَپ،ملٹی پل ویو،مونتاژ،فلیش بیک،پانوراما،کلوزاپ اور کٹنگ سے ہوتی ہے۔قرۃ العین حیدر نے ان سب کا بخوبی استعمال کیا ہے۔مونتاژ کے اس استعمال کو دیکھئے جو اردو ناولوں میں ایک انوکھا تجربہ ہے۔قرۃ العین حیدر نے اپنے اس ناول میں شعوری یا غیر شعوری طور پر یہ ماسٹر مونتاژ تشکیل کیا ہے:

سرجو کی موجیں گوتم نیلمبر کے اوپر سے گزرتی چلی گیں۔ابوالمنصور کمال الدین نے کنارے پر پہنچ کر اپنا شیام کرن گھوڑا برگد کے درخت کے نیچے باندھا اور چاروں اور نظر ڈالی۔(ص۱۱۶)

یہ اقتباس دو مختلف Visual Shots پر مشتمل ہے:

شاٹ نمبر(۱) سرجو کی موجیں گوتم کے اوپر سے گزرتی چلی گئیں

شاٹ نمبر(۲)ابوالمنصور رکمال الدین نے کنارے پر پہنچ کر اپنا شیام کرن گھوڑا۔

ان دونوں شاٹس کو تسلسل کے ساتھ پیش کر کے قرۃ العین حیدر نے زمانہ قدیم سے زمانہ وسطیٰ میں کود لگائی ہے۔اس مدت کے گزر جانے کا نہ انھوں نے کوئی بیان کیا اور نہ کوئی وضاحت۔اس ناول میں فلمی تکنیک کی بے شمار مثالیں ملتی ہیں۔

''آگ کا دریا'' میں شروع سے آخر تک مختلف ادوار میں ہمیں کئی چہرے نظر آتے ہیں اور سب مختلف اور منفرد چہرے گویا متحد ہو کر دنیا کے ازلی اور ابدی انسان کی تشکیل کرتے ہیں۔کبھی کبھی یہ کردار ایک دوسرے میں جذب ہو جاتے ہیں:

کیوں کہ جذبات اور خیالات کی سب سے اونچی چوٹی پر ہمیشہ وہی اکیلا کھڑا رہ جاتا ہے۔تنہا ازلی اور ابدی انسان جس کا نام گوتم ہے اور مائیکل اور ہری اور سرل اور کمال رضا۔اس کی تنہائی ان امٹ ہے۔(ص۵۴۷)

یہاں انسان ساری فضا میں کسی خوشبو کی مانند بکھرا پڑا ہے۔مختلف ادوار،مختلف مذاہب اور مختلف تہذیبوں اور مختلف چہرے والا یہ انسان شاید ایک ہی چہرے کے مختلف عکس لیے گھومتا پھرتا ہے۔کبھی کبھی اسے اپنی شناخت کے درمیان الجھن کا سامنا بھی کرنا پڑتا ہے:

میں رادھا ہوں، میں سیتا ہوں، میں مریم گلولن ہوں، میں زرین طاہرہ ہوں۔ (۵۳۸)

اسی ناول کے ایک اور حصے میں مختلف ملکوں کے کردار یکجا ہوتے ہیں اور پھر وہ اپنے اپنے ملک میں ٹرانسفر ہو جاتے ہیں۔ یہاں پر گوتم، روشن، مائیکل، سرل اور ڈینس وغیرہ دراصل ہندوستان، پاکستان، اسرائیل، امریکہ اور انگلستان میں جاتے ہیں اور اب وہ ایک دوسرے سے انفرادی سطح پر گفتگو

نہیں کرتے بلکہ اپنے اپنے جغرافیائی خطوں کے نمائندے بن جاتے ہیں۔

مسلسل وقت کے پیٹرن میں زندگی کے لیے کوئی خاص حد مقرر نہیں ہوتی۔ یہاں زندگی ہمیشہ سبک رفتاری سے بہتی رہتی ہے۔ یہاں زندگی جینے کے لیے کوئی خاص Life Span کا تعین نہیں کیا جاسکتا۔ مختلف دور آتے جاتے ہیں لیکن زندگی اسی طرح قایم رہتی ہے۔ وقت کی اسی پیٹرن میں انسان اپنی جڑیں بہت گہری محسوس کرتا ہے گویا وہ صدیوں سے جیتا آرہا ہو:

''چمپا تمہاری عمر کتنی ہے''؟

''کئی سو سال.....اتنے سو سال کہ مجھے یاد بھی نہیں رہا''۔اس نے ہنس کر کہا۔

قرۃ العین حیدر کے ہاں تیز روشنی ٹرانسپرنسی کی علامت ہے۔ان کے کردار احساس کی منزلوں پر پہنچ جاتے ہیں جہاں وہ ایک دوسرے کو آر پار دیکھ سکیں، کیوں کہ ہر انسان حقیقتاً بے حد Exposed ہے یا دوسرے معنی میں غیر محفوظ ہے۔ اس لیے کہ روشنی تیز ہے۔ تیز روشنی شعور کی اس کیفیت کی علامت ہے جہاں پہنچ کر ذہن اک دم شفاف ہو جاتے ہیں اور جن سے خیالات چھن کر دوسرے ذہنوں تک جا پہنچتے ہیں۔ اس شعوری ربط کے لیے کسی زبانی رابطے یا اظہار کی ضرورت نہیں رہتی۔

سرل میں اتنی تیز روشنی میں ہوں جتنی تم نے ابھی ظاہر کی؟ ہم یہاں بھی Exposed ہونا ایک المیے سے کم نہیں۔(ص ۴۳۲)

اب گوتم پر چاروں طرف سے تیز روشنی پڑ رہی تھی جس طرح وہ خود گوتم کے سامنے تیز روشنی کی زد میں تھی لیکن دیکھو کیا ہوا کہ گوتم نے بڑھ کر دفعتاً سوئچ بند کر دیا۔(ص ۴۳۲)

''آگ کا دریا'' میں ہمیں وقت کے مختلف پیٹرن ملتے ہیں۔ ناول کے ابتدائی حصے میں ماضی پر زور دیا گیا ہے۔ وسطی اور خاص طور پر جدید ہندوستان کے پس منظر میں Polyphonic پیٹرن اپنایا گیا ہے۔ یہ پیٹرن اس وقت گہرا ہو جاتا ہے جب ناول کے کردار انگلستان میں وارد ہوتے ہیں۔ ان کرداروں کا اپنا اپنا ماضی ہے۔ وہ اپنا پس منظر ایک دوسرے کو سمجھانے سے قاصر ہیں اور ایک غیر واضح مستقبل کا سامنا کر رہے ہیں۔

اس ناول کی ایک خصوصیت یہ ہے کہ اس میں Time Montage اور Space Montage دونوں ہی استعمال کیے گئے ہیں۔ Time Montage کے تحت کردار یا Subject اپنی جگہ یعنی Space پر قایم رہتا ہے اور اس کا شعور ''وقت'' میں آزادی سے گھومتا ہے جب کہ Space Montage میں وقت اپنی جگہ قایم رہتا ہے اور دیگر عناصر تبدیل ہوتے رہتے ہیں۔ ناول کے اس حصے میں جو جدید ہندوستان کو پیش کیا گیا ہے اس میں بیک ورڈ اور فارورڈ موومنٹ کی تکنیک استعمال کی گئی ہے۔ واقعات کی کوئی Chronological Sequence نہیں ہے۔ انھیں پڑھنے کے بعد محسوس ہوتا ہے کہ قرۃ العین حیدر برگساں کے اس نظریے سے متاثر ہیں کہ وقت مسلسل حال ہے۔

شعوری وقت Consciousness Time کو لے کر اس ناول میں ایک بہت خوب صورت Episode ہے جس میں غازی الدین حیدر، جنرل مارٹن کی ہندوستانی بیگم، نواب قدسیہ محل نصیر الدین حیدر وغیرہ۔ اس ناول کے کردار سے مکالمہ کرتے ہیں، یہ سب وقت کے سحر کے تحت ممکن ہے۔ قرۃ العین حیدر نے دراصل حال اور ماضی کو ایک ساتھ Fuse کر کے شعوری وقت کی تشکیل کی ہے۔

''آگ کا دریا'' کے کرداروں کا اپنا اپنا انفرادی ماضی ہے جو انھیں بے حد عزیز ہے لیکن وہ سب وقت کی شعبدہ بازی سے حیران ہیں:

''دیکھو'' اس نے کمال سے کہا۔''میں نے آج محسوس کیا ہے کہ میرا ماضی صرف میرے لیے اہمیت رکھتا ہے''۔

''لیکن ماضی حال ہے۔ ماضی میں شامل ہے اور مستقبل میں بھی۔ وقت کی اس شعبدہ بازی نے مجھے بڑا حیران کر رکھا ہے''۔ طلعت نے کہا''میں وقت کے ہاتھوں عاجز آچکی ہوں۔ تم میں سے کوئی میری مدد کیوں نہیں کرتا''(ص ۵۳۹)

لیکن آخر کار قرۃ العین حیدر برگساں کے نظریے سے متفق ہو جاتی ہیں:

''وقت برابر موجود ہے۔ وقت مسلسل حال ہے''(ص ۵۳۶)

قرۃ العین حیدر کے ہاں وقت کے عظیم اور معتبر پیٹرن میں بکھرے ہوئے ان کرداروں کے مخصوص امیجز ہیں جن کی بنا پر انھیں شناخت کیا جا سکتا ہے۔ گوتم ہندو دیو مالا کے مختلف بدلتے ہوئے روپ دیکھتا ہے۔ سناٹا کمال کا وہ امیج ہے جو اس کے شعور کو الجھائے رکھتا ہے۔''بلینک اور سفید چہرے'' چمپا احمد کا امیج ہے۔ مجمع چمپا احمد کی ایسی الجھن ہے جس میں وہ رہنا بھی چاہتی ہے اور اسے وحشت بھی ہوتی ہے۔

وقت ایک ایسا امیج ہے جو''آگ کا دریا'' میں تقریباً تمام کرداروں میں مشترک ہے۔ ان سب کے پاس وقت ایک بہتا ہوا دریا ہے۔ وقت کے بہاؤ میں زندگی کھو دینے کا ڈر ان سب کے پاس موجود ہے:

ہم وقت اور اندھیرے سے خوف زدہ ہیں کیوں کہ وقت ایک روز ہمیں مار ڈالے گا اور اندھیرا ہماری آخری جائے پناہ ہوگا۔ طلعت نے کہا۔

ولیم جیمس کہتا ہے کہ دریا اور دریا کی رو وہ اشارے ہیں جن کے ذریعہ شعور بیان کیا جا سکتا ہے۔ قرۃ العین حیدر کا''آگ کا دریا'' ایک ایسا ناول ہے جو انفرادی اور اجتماعی شعور میں ایک تسلسل یا روانی پیدا کرنے کی کوشش ہے۔ اس ناول کے نام ہی سے ظاہر ہوتا ہے کہ قرۃ العین حیدر کے ذہن میں یہ Concept واضح تھا کہ اس ناول کی نوعیت کیا ہوگی۔

قرۃ العین حیدر نے شعور کی رو کی تکنیک ہی استعمال نہیں کی بلکہ بیانیہ اسلوب کے بھی مختلف طریقے اپنائے ہیں۔ کہیں انشائیے کی تکنیک ہے تو کہیں Narrative Shifts نظر آتے ہیں۔ کہیں مہابھارت کے مختلف مناظر کو Image Motif اور Symbol Motif بنا کر پیش کیا گیا ہے، کہیں ملٹی میڈیا کا استعمال ہے ناول کے اختتام پر بھی ملٹی میڈیا سے کام لیا گیا ہے۔ گوتم ایک وسیع لینڈ اسکیپ میں چلتا دکھائی دیتا ہے۔ پھر منڈلی کے گانے والوں کی آوازیں ہیں۔ پھر اسے گوری شنکر کی اونچی چوٹی پر اپنا Final Version نظر آتا ہے وہ دنیا کا ازلی اور ابدی انسان ہے۔ پھر وہ آہستہ آہستہ قدم رکھتا ہوا بستی کی طرف چلا جاتا ہے۔ ناول کے حصے ایک دوسرے سے اس قدر مختلف ہیں کہ ایک ہی ناول سے متعلق نہیں معلوم ہوتے۔

قرۃ العین حیدر نے ''آگ کا دریا'' میں دو تاثرات دو مختلف حصوں میں قایم کیے ہیں۔ پہلے کردار گوتم نیلمبر کا سرجو کی موجوں میں بہہ جانا پہلا تاثر قایم کرتا ہے اور ناول کے آخر میں دوسرا جس میں انسان مغرور، پُر اعتماد، بشاش (جو شکست خوردہ اور تھکا ہوا ہونے کے باوجود پرامید ہے) اور جو خدا میں ہے اور خود خدا ہے۔ ناول کے آخری صفحے پر جو بیان گوتم کا Final Version ہے وہی اس کا Triumph ہے۔

براہِ راست

"کچھ نہ ہونے سے کچھ ہونا بہتر ہے" انگریزی کے اس مقولے کو پیشِ نظر رکھا جائے تو گذشتہ ۲۷ برسوں میں کچھ نہ کچھ ایسا ہوا ہے جو بہت کچھ نہ ہونے کے باوجود مفید اور لائقِ توجہ ہے۔

کیا اردو ادب کی وہ سینکڑوں شخصیات لائقِ توجہ نہیں جن کی بابت گذشتہ ۲۷ برسوں میں قرطاسِ اعزاز کی محفل رچائی گئی۔

سوال کا جواب اثبات میں ہے تو یقیناً آج کے میرِ محفل محترم ڈاکٹر بیگ احساس اپنی وجاہت، ادب آداب اور خدمات کے حوالے سے ہماری بہت ساری توجہ، اشتیاق اور محبت کے مستحق ہیں جن کی تمام عمر علم و ادب کی ترویج و ترقی میں صرف ہوئی ہے۔

ہمیشہ کی مانند محفل کو سجانا، سنوارنا اور آپ کی خدمت میں پیش کر کے قطعی غیر جانبدار ہو جانا ہمارا مزاج رہا ہے۔ سو آج بھی ہم ہمیشہ کی مانند اس خاص محفل کی نسبت آپ کی رائے کے بصد احترام منتظر بھی ہیں اور مشتاق بھی!!!

گلزار جاوید

☆ یہ تو تسلیم، اجداد اورنگ زیب کے زمانے میں افواج کے ساتھ حیدرآباد دکن تشریف لائے۔ اب یہ آپ بتلایئے کس ملک اور شہر سے آئے اور کس سبب آئے؟

☆☆ اورنگ زیب نے اکتوبر 1687ء میں گولکنڈہ پر حملہ کیا تھا۔ میرے اجداد کا پیشہ سپہ گری تھا اس لیے دوسرے فوجیوں کے ساتھ وہ بھی آ گئے۔ ملک تو ہندوستان ہی ہے۔ دلّی یا اطراف دلّی کا کوئی شہر ہو گا جہاں سے وہ آئے تھے۔ میں وثوق سے کچھ کہہ نہیں سکتا۔ میرے والد کا نام خواجہ حسن بیگ تھا۔ جب میں آٹھ برس کا تھا ان کا انتقال ہو گیا۔ وہ اپنے والدین کے اکلوتے فرزند تھے۔ ان کا کوئی بھائی تھا اور نہ بہن! خود میری ولادت سات بہنوں کے بعد ہوئی۔ اکلوتا لڑکا ہوں۔ میری بڑی بہن مجھ سے کئی برس بڑی تھیں ان کی لڑکی مجھ سے صرف ایک برس چھوٹی ہے۔ بچپن میں اتنا ہوش نہیں تھا کہ آباء و اجداد کے بارے میں سوال کرتا۔ جب ہوش آیا تو کوئی بتانے والا نہ رہا۔ اتنا ہی پتہ چل سکا کہ اجداد اورنگ زیب کے ساتھ حیدرآباد آئے تھے۔ والد صاحب لمبے قد کے قوی الجثہ آدمی تھے لیکن فوج میں نہیں گئے۔ محکمہ کروڑ گیری میں ملازمت اختیار کی ترقی کرتے کرتے ناظم کے عہدے تک پہنچے۔ دادا اور پڑدادا فوج میں تھے۔ والد صاحب کے پاس ایک شجرہ بھی تھا جو شب برأت کے موقع پر نکالتے تھے۔ ان کی بے وقت موت کے بعد شیرازہ بکھر کر رہ گیا۔ کرایے کے مکانوں کی بار بار تبدیلی کے باعث امّی اس کی حفاظت نہ کر سکیں۔

☆ بہ طور طالب علم آپ کے استاد، ہم جماعت بالخصوص پردہ نشیناں آپ کے بارے میں کیا رائے رکھتے ہیں؟

☆☆ ابتدائی تعلیم ضلع نظام آباد میں ہوئی۔ یتیمی کے احساس کی وجہ سے اسکول میں سہما سہما رہتا تھا۔ ہائی اسکول میں دوست بنے۔ کرکٹ کھیلی۔ میٹرک کرنے تک تمام بہنوں کی شادی ہو چکی تھی۔ بہنوں کے اصرار پر والدہ کے ساتھ حیدرآباد منتقل ہو گیا۔ بہنوں کی شدید خواہش تھی کہ آگے پڑھوں۔ لیکن میں اپنے پیروں پر کھڑا ہونا چاہتا تھا۔ میں نے ملازمت کو ترجیح دی۔ ملازمت کرتے ہوئے تعلیم کا سلسلہ جاری رکھا۔ ہر مرحلے پر مشفق اساتذہ ملے۔ آج جو بھی ہوں وہ اساتذہ کا فیض ہے۔ پردہ نشینوں کی توجہ کا مرکز بھی رہا۔ اب عمر کے اس پڑاؤ پر تفصیلات کا موقع نہیں ہے۔ اساتذہ میں پروفیسر گیان چند جین (جن کی نگرانی میں پی ایچ ڈی کی تکمیل کی)، پروفیسر مجاور حسین رضوی (ابن سعید)، پروفیسر مغنی تبسم نے متاثر کیا۔ سینئر کولیگس میں پروفیسر اشرف رفیع ہمیشہ میری ترقی کے لیے کوشاں رہیں۔ پروفیسر مغنی تبسم میرے رول ماڈل رہے۔ ڈاکٹر زینت ساجدہ میری استاد ہی نہیں بلکہ ماں جیسی تھیں۔ ان ہی کی وجہ سے پیشہ تدریس سے وابستہ ہو سکا۔ جن دنوں ایم اے کر رہا تھا ڈاکٹر زینت ساجدہ آخری کلاس لیتی تھیں۔ اکثر وقت ختم ہو جانے کے بعد بھی وہ پڑھاتی رہتیں۔ ایک لڑکی جو ہندی سے ایم۔اے کر رہی تھی میری گہری دوست تھی۔ اپنی کلاس ختم ہونے کے بعد وہ میری کلاس کے باہر کھڑی میرا انتظار کیا کرتی۔ زینت آپا کی نظر پڑتی تو کہتیں "آپ جا سکتے ہیں میری طرف سے اجازت ہے۔ کیوں کہ اب آپ کا دل پڑھائی میں نہیں لگے گا"۔ اس کے بعد اپنا لکچر سمیٹ لیتیں اور کلاس ختم کر دیتیں۔ یونیورسٹی آف حیدرآباد میں پی۔ ایچ۔ ڈی کے لیے داخلہ لیا تو ڈاکٹر مجاور حسین رضوی کو خاص ہدایت فرمائی کہ وہ لڑکیوں پر کڑی نظر رکھیں اور خیال رکھیں کہ میرے قریب نہ آنے پائیں۔ ایسی تھیں زینت آپا! میں نے پیشہ تدریس کو خوب انجوائے کیا۔ کسی ترقی کے لیے ترسنا نہیں پڑا سب کچھ وقت پر مل گیا۔ بلکہ وقت سے پہلے صدر شعبہ ہو گیا۔ میں اپنے دور کا سب سے کم عمر صدر شعبہ رہا۔ عثمانیہ یونیورسٹی میں چار برس اور یونیورسٹی آف حیدرآباد میں چھ برس تک صدر شعبہ اردو رہا۔ یونیورسٹی کے ساتھی بھی جان چھڑکنے والے تھے۔ طلبہ کا پیار بھی ملا۔ میں نے جب پڑھانا شروع کیا تو جن طلبہ نے مجھ سے پہلی بار پڑھا ان میں سے اکثر آج تک ربط قایم رکھے

ہوئے ہیں۔ان میں کئی لکچرار اور ریڈر بھی ہو گئے ہیں لیکن اسی طرح عزت کرتے ہیں۔ادبی حلقوں میں بھی بہت چاہا گیا۔حاسدین کی بھی کمی نہیں لیکن محبت کرنے والے زیادہ ہیں۔اللہ کا خاص کرم ہے۔

☆ آپ جیسے شائستہ انسان کو دیکھ کر ذہن میں شاعر کا تاثر اُبھرتا ہے۔ افسانے کی پُر پیچ گلیوں نے اس مشکل کام کے لیے آپ کو کیوں کر منتخب کرلیا؟

☆☆ اچھے شعر پر داد ضرور دیتا ہوں۔شاعری پڑھائی بھی لیکن شاعری کرنے پر کبھی دل مائل نہیں ہوا۔ ہمیشہ فکشن سے دلچسپی رہی۔ شائستگی کا تعلق شاعری یا فکشن سے نہیں ہوتا فطرت سے ہوتا ہے۔ادیبوں اور شاعروں کی مخصوص ہیئت اختیار کرنے کو کبھی جی نہیں چاہا۔

☆ بہ قول ممتاز مفتی افسانہ بڑا بد معاش ہوتا ہے۔آپ جیسے شریف آدمی سے یہ خود کو کس طور پر لکھواتا ہے؟

☆☆ ممتاز مفتی کے قول پر اعتبار کر لیا جائے تو بد معاش عموماً شریف آدمی کو ہی زیادہ تنگ کرتے ہیں۔ یہ بد معاش جب بھی آتا ہے چوبیس گھنٹے سر پر سوار رہتا ہے۔کسی معاملے میں جلد مطمئن نہیں ہوتا خوب محنت کرواتا ہے۔بار بار خود کو لکھواتا ہے۔تدریس کی وجہ سے اس بد معاش کا بہت نقصان ہوا۔ورنہ یہ خوب گل کھلاتا۔

☆ ابتداء میں احباب کا تاثر کیا رہا اور کیا کسی دوست نے سنجیدگی سے آپ کی رہنمائی کو ضروری جانا؟

☆☆ احباب نے گرم جوشی سے استقبال کیا۔حیدر آباد میں ان دنوں بے شمار ادبی انجمنیں تھیں۔ہم نے بھی ایک انجمن بنائی تھی۔ادبی اجلاسوں میں مدعو کیا گیا۔شروع میں مقبول رسائل میں لکھا کرتا تھا۔اس لیے شہرت ہوگئی۔یہ رسائل اتنے مقبول تھے کہ افسانہ چھپتے ہی سب کو خبر ہو جاتی۔ہر ملنے والا مبارک باد دیتا۔بے شمار خطوط وصول ہوتے۔ان ہی دنوں اتفاق سے میری ملاقات اقبال متین صاحب کے صاحب زادے سے ہوئی جو دوستی میں بدل گئی۔تب تک کئی افسانے شائع ہو چکے تھے۔اقبال متین صاحب کے پاس ہندوستان اور پاکستان کے بے شمار ادبی رسائل پڑھنے کو ملے۔ان ہی کے مشورے پر محمد بیگ احساس کی بجائے بیگ احساس کے نام سے لکھنے لگا۔ ادبی رسائل کی جانب راغب ہوا۔ کتاب، تحریک اور شاعر میں افسانے شائع ہونے لگے۔لیکن کبھی اصلاح نہیں لی۔

☆ آپ دماغ کے بائیں حصے یعنی اکتسابی کے بجائے دائیں حصے اسطوری سے کام کیوں لیتے ہیں؟

☆☆ پہلے تو آپ کا شکریہ! کہ آپ نے اس بات کو محسوس کیا۔ پی۔ایچ۔ڈی کرنے کے دوران میں نے بے شمار افسانے پڑھے۔افسانے کے اسرار اور رموز سے واقفیت حاصل کی۔مختلف ادوار کے افسانوں کے مزاج اور عصری تقاضوں کو سمجھنے کی کوشش کی۔تمثیل و علامت کے استعمال اور افادیت کا علم ہوا۔میرا مزاج کبھی اکتسابی نہیں رہا۔کسی کی تقلید نہیں کی حالاں کہ ان دنوں لوگ چیستاں قسم کے افسانے لکھ کر ''شب خون'' میں شائع ہو کر راتوں رات نقادوں کی فہرست میں شامل ہو رہے تھے۔''شب خون'' ایسا رسالہ تھا جسے فن کاروں کو اسٹابلش کرنے پر قدرت حاصل تھی۔ میں نے فیصلہ کرلیا کہ ''شب خون'' میں شائع ہوئے بغیر اپنی شناخت بناؤں گا۔
میں نے خود اپنا اسلوب وضع کرنے کی کوشش کی۔اس میں زیادہ محنت لگی اور وقت بھی...!میں نے پامال راہوں سے ہمیشہ گریز کیا۔

☆ جمع کے صیغے کے بجائے واحد میں لکھنے کی وجہ کیا ہے۔احباب اسے جدید بیانیے سے بجا طور پر منتھی کرتے ہیں؟

☆☆ ابتدائی دور سے ہی افسانہ واحد کے صیغے میں لکھا جاتا رہا۔جدید افسانے میں تو کرداروں اور مقامات کے نام نہیں لیے جاتے تھے تاکہ افسانہ آفاقی کہلائے۔بستی کا معمر آدمی، بابا، داڑھی والا اور کبھی تو ا۔ب۔ج۔د۔وغیرہ۔واحد کے صیغے میں لکھے گئے افسانے میں مشاہدات اور تجربات کے تفصیلی بیان کرنے کی گنجائش نکل آتی ہے۔اگر احباب اسے جدید بیانیے سے منتھی کرتے ہیں تو اس میں کوئی قباحت نہیں۔تحریکیں اور رجحانات ختم ہو جاتے ہیں لیکن ان کی مثبت قدریں روایت کا حصہ بن جاتی ہیں۔

☆ جدیدیت کی تحریک سے اختلاف کسی سینئر کی پیروی میں ہوا یا آپ کی افتادِ طبع نے اسے قبول نہ کیا؟

☆☆ جدیدیت سے اختلاف نہیں رہا۔جدیدیت کے مفید اثرات بھی پڑے۔کہانی میں تہہ داری آئی۔تجربے کیے گئے، امکانات تلاش کیے گئے۔ترقی پسند افسانہ جس جگہ پہنچ گیا تھا وہاں سے تبدیلی ضروری تھی۔جدیدیت کے نام پر کہانی کے سٹرکچر کے ساتھ جو کھلواڑ کیا گیا اس سے اختلاف رہا۔کہانی اور شاعری کی حدیں مٹائی جانے لگیں، ریاضی کے فارمولے، اشکال، زائچے کیا کیا نہیں ہوا۔اب نقاد حضرات اس کی تشریح اور تفہیم بھی کر رہے ہیں اس میں وجودیت کا فلسفہ تلاش کیا جا رہا ہے۔وہ تحریریں کچھ بھی ہو سکتی تھیں لیکن افسانہ نہیں تھیں۔کسی سینئر کی پیروی کا سوال ہی نہیں تھا۔اس وقت سب جدیدیت کے ساتھ تھے۔ آہستہ آہستہ فضا تبدیل ہونے لگی۔پروفیسر گوپی چند نارنگ نے ایک مضمون ''نیا افسانہ:روایت سے انحراف اور مقلدین کے لیے لمحہ فکریہ'' لکھا۔وارث علوی نے جدیدیت اور علامتی و تمثیلی افسانے پر سوال قایم کیا۔''جواز'' اور ''اوراق'' میں بحثیں ہوئیں۔پروفیسر مغنی تبسم نے بھی ''شعر و حکمت'' کے ذریعہ جدیدیت سے بے زارگی کا اظہار کیا اور مابعد جدید تھیوری پر مضامین شائع کرنے لگے۔ دراصل مغنی تبسم صاحب کا بھانجا میری اینگلٹن کی نگرانی میں پی۔ایچ۔ڈی کر رہا تھا۔مغنی صاحب نے کئی مضامین کا ترجمہ کروایا۔نارنگ صاحب نے اپنی پوری

توجہ مابعد جدیدیت پر لگا دی۔ لیکن یہ سب بعد میں ہوا۔

☆ آپ کے خیال میں جدیدیت میں ایسی کیا خرابی تھی کہ ستر کے دہے کے ایک دو نہیں درجنوں افسانہ نگاروں کو نگل گئی؟

☆☆ کہانی فیشن اور فارمولا بن گئی تھی۔ علامتیت اور تجریدیت کو حرف آخر سمجھا جانے لگا۔ کہانی کا اخراج، بے معنی، بے مصرف تجریدیت، پیچیدہ اور مرعوب کرنے والی زبان کا استعمال، انشائیے اور افسانے کا فرق مٹ جانا، ذہین سے ذہین قاری یہ سمجھنے سے قاصر تھا کہ ان تحریروں سے کیسے معنی اخذ کرے۔ افسانہ نگاروں کی شناخت اور شہرت کا دارومدار نقادوں کے رحم وکرم پر ہو گیا۔ تخلیق تنقید کے پیچھے چلنے لگی۔ ایک طرف ایسی تحریروں کو شائع کر کے لکھنے والوں کی حوصلہ افزائی کی جا رہی تھی افسانے کو نقصان پہنچایا جا رہا تھا دوسری طرف افسانے کی حمایت کے نام پر اسے کمتر درجے کی صنف قرار دیا جا رہا تھا۔ نقادوں نے فن کاروں کو پہلے تو ہتھیلی میں جنت دکھانا شروع کیا پھر اچانک ہاتھ کھینچ لیا۔ جدیدیت نے بڑے نقاد اور اچھے شاعر تو پیدا کیے لیکن اہم افسانہ نگار پیدا نہ کر سکی۔

☆ لوگ کہتے ہیں کہ آپ کوشش کے باوجود ستر کی دہائی سے باہر نہیں آ سکے؟

☆☆ کوئی ایسا کہتا ہے تو غلط کہتا ہے۔ میرے دوسرے مجموعے ''حنظل'' میں کچھ تمثیلی اور علامتی کہانیاں ضرور ہیں لیکن میں نے کہانی کے تقاضوں کو ہمیشہ ملحوظ رکھا۔ مجھ پر لکھنے والوں نے اس بات کا اعتراف کیا کہ میں نے کہانی کے اکہرے پن اور ابہام سے کنارہ کشی اختیار کرتے ہوئے اپنی کہانیوں میں ایسے عناصر کو جگہ دی جو کہانی میں مفہوم کی کئی سطحیں پیدا کرنے میں مددگار ثابت ہوئے۔ موضوعات کے تنوع کا بھی سبھی نے اقرار کیا۔

☆ مرزا حامد بیگ نے آپ کو ستر کی دہائی کے افسانہ نگاروں سے مختلف گردانتے میں اس قدر زور کیوں صرف کیا؟

☆☆ کیا آپ نے ایسا محسوس کیا؟ مرزا حامد بیگ کا مضمون اس طرح شروع ہوتا ہے ''دخمہ کے سارے افسانے، افسانہ نگار کی اس انوکھی تدبیر کاری کی عطا ہیں جسے بیسویں صدی کے ساتویں دہے سے مخصوص جدیدیت کی تحریک کے رد میں اٹھنے والی آوازوں کا ردعمل بھی قرار دیا جا سکتا ہے۔ اور تخلیقی سطح پر جینے کا جتن بھی'' اس کا کیا مطلب ہوا؟ میں مرزا حامد بیگ کو ایک مخلص و ایماندار فن کار اور افسانے کا پارکھ سمجھتا ہوں۔ وہ جو بھی لکھتے ہیں پورے دلائل کے ساتھ لکھتے ہیں۔ میرا خیال ہے انھوں نے کوئی زور صرف نہیں کیا۔ اگر آپ سمجھتے ہیں ایسا کیا ہے تو کوئی بات تو ہو گی جس نے انھیں ایسا کرنے پر مجبور کیا۔ اختلاف کا حق سب کو ہے۔

☆ آپ نے علامت، استعارہ تجرید کے بجائے جو تکنیک برتیں وہ کس مکتبہ فکر سے مستعار ہیں؟

☆☆ کسی مکتبہ فکر سے مستعار نہیں۔ یہی میری انفرادیت ہے۔

☆ دو مختلف واقعات کو جوڑ کے کہانی بننے کی خاص وجہ؟

☆☆ افسانے کی ضرورت کے تحت واقعات جوڑے جاتے ہیں۔ کوئی بھی واقعہ غیر متعلق اور پیوند نہیں لگنا چاہیے۔ افسانہ غیر ضروری بوجھ اٹھانے کا متحمل نہیں ہو سکتا۔

☆ آپ کے ہاں خاص طرح کی پردہ داری کہانی کو ڈھکا چھپا رکھتی ہے اس سے قاری کو اکثر گومگوں کی کیفیت سے دوچار ہونا پڑتا ہے؟

☆☆ میں اس پردہ داری کی شعوری کوشش کرتا ہوں۔ انتظار حسین کے مطابق ''افسانہ اور عورت دونوں میں کشش اسی صورت میں رہتی ہے کہ کچھ دکھائے کچھ چھپائے....'' کہانیوں کے انجام میں مختلف نتائج کی گنجائش اور قاری کی شمولیت کو بھی ضروری سمجھتا ہوں۔ ''دھار''، ''نمی دانم کہ''، ''شکستہ پر'' اور ''رنگ کا سایہ'' کا اختتام دیکھ لیجیے۔

☆ ایک بھارتی شہری کو ہندی زبان و ادب پر دسترس تو سمجھ میں آتی ہے مگر آپ نے ویدوں کا حوالہ بھی برتا ہے؟

☆☆ ہندی پر میری کوئی خاص دسترس ہے اور نہ ویدوں کا علم ہے۔ بھارتی شہری ہی کیوں پاکستان کے اکثر فن کار ہندی کا دانستہ طور پر استعمال کرتے ہیں۔ یہ تو کہانی کی ڈیمانڈ پر منحصر ہے۔

☆ آپ کی کہانیوں میں دیو مالائی رنگ اکتساب ہے، اجتہاد ہے یا تقاضائے وقت؟

☆☆ نہیں! اجتہاد نہیں ہے مجھ سے قبل بے شمار افسانہ نگاروں نے اس رنگ میں بہترین افسانے لکھے۔ اکتساب بھی نہیں ہے کیوں کہ میرا انداز مختلف ہے تقاضائے وقت اس لیے نہیں ہے کہ فن کار وقت کے بہاؤ کے مخالف سمت میں سفر کرتا ہے۔ البتہ جیسی کہانی ہو گی ویسے عناصر سے کام لیا جائے گا۔

☆ دخمہ نے دوسرے افسانوں کو سنبھال رکھا ہے یعنی دوسرے افسانے اعلیٰ پائے کے نہیں ہیں؟

☆☆ ''دخمہ'' سے قبل ہی میری شناخت قائم ہو چکی تھی۔ بیشتر نقاد مجھ پر دخمہ سے قبل لکھ چکے تھے۔ مختلف افسانوں کے انتخاب میں بھی میرے افسانے شامل رہے۔ لیکن ''دخمہ'' میرے لیے وہی اہمیت رکھتا ہے۔ جو غلام عباس کے لیے ''آنندی'' اشفاق احمد کے لیے ''گڈریا'' اور حسن عسکری کے لیے ''چائے کی پیالی'' کی اہمیت ہے۔ کبھی کسی تخلیق کو بے پناہ مقبولیت حاصل ہو جاتی ہے۔ کیوں؟ اس کا جواب کسی کے پاس نہیں۔ تخلیق کار اپنی تخلیقات پر یکساں محنت کرتا ہے۔ آپ خود افسانہ نگار ہیں اس بات کو اچھی طرح جانتے ہیں۔ اب ''دخمہ'' کو شہرت مل گئی تو اس کا یہ مطلب نہیں کہ دوسری تخلیقات اعلیٰ معیار کی نہیں ہیں۔

☆ تعلق آپ کا حیدر آباد دکن سے ہے افسانوں میں آپ جا بجا

علاقائی حوالے اور نسبتیں شامل کرتے ہیں؟

☆☆ علاقائی حوالے اور نسبتیں پریم چند سے لے کر آج تک کئی فن کاروں کے یہاں ملتے ہیں۔ میں نظام دکن کے دور کی ریاست حیدرآباد کے اضلاع سے اچھی طرح واقف ہوں۔ ویسے آج کے دور میں مرکزیت کے مقابل مقامیت کو زیادہ اہمیت دی جارہی ہے۔

☆ پروفیسر وارث علوی نے آپ اور منٹو کے ایجاز کو ہم آہنگ کر کے زیادہ رسک نہیں لے لیا؟

☆☆ یہ ان کی محبت ہے۔ وارث علوی صاحب ہر فن کار کو منٹو اور بیدی کے پیمانے سے جانچتے ہیں۔ منٹو کا انھوں نے بڑی گہرائی سے مطالعہ کیا ہے۔ وارث علوی صاحب نے لکھا ''ان کے ایجاز اور منٹو کے ایجاز میں بڑی مماثلت ہے۔ لیکن ایجاز کا یہ سبق انھوں نے منٹو سے سیکھا ہو ایسا نہیں لگتا کیوں کہ سبق سیکھنے کے لیے کم از کم افسانہ کے کینوس میں مماثلت ضروری ہے۔ بیگ احساس کا افسانہ خود اپنا ہے اس پر ان کی انفرادیت کی چھاپ بھی ہے'' ویسے وارث علوی صاحب نے جدیدیت کے بعد والے فن کاروں کے ساتھ ویسا برتاؤ نہیں کیا جیسا جدید افسانہ نگاروں، کرشن چندر یا قاضی عبدالستار کے ساتھ کیا۔ نسبتاً مروت اور شفقت سے کام لیا۔

☆ علوی صاحب کی یہ رائے مبالغہ پر مبنی نہیں کہ جتنے مختصر جملے بیگ احساس نے لکھے اردو کے کسی افسانہ نگار نے نہیں لکھے؟

☆☆ آپ جانتے ہیں وارث علوی صاحب مبالغہ سے کبھی کام نہیں لیتے۔ اکثر تعریف کرنے میں بھی بخالت کرتے ہیں۔ انھوں نے جو بھی لکھا وہ ان کی بے لاگ رائے ہے۔

☆ پروفیسر وارث علوی نے افسانہ ''دھار'' کے آخری حصے کو تضحیک کا نشانہ کیوں بنایا؟

☆☆ آپ کو شاید غلط فہمی ہوئی۔ انھوں نے ''دھار'' کے آخری حصے کو تضحیک کا نشانہ نہیں بنایا۔ بلکہ تعریف کی ہے۔ میں ان کے الفاظ درج کر رہا ہوں۔ ''انجام کی ایک دلچسپ مثال بیگ احساس کا افسانہ ''دھار'' ہے.... باپ کو اب شیونگ کٹ کی ضرورت نہیں کیا وہ دوسرا خرید لے گا یا داڑھی بڑھا لے گا اور داڑھی بڑھ گئی تو شراب نوشی ترک کر دے گا؟ نماز روزے کا پابند ہو جائے گا؟ کچھ بھی ہو سکتا ہے۔ اس دنیا میں سب کچھ ہو سکتا ہے انجام یہاں امکانات سے بھرا ہوا ہے''۔ اس میں تضحیک کا پہلو کہاں ہے؟

☆ ''خس آتش سوار'' کے گرودیو سے آپ کی ملاقات کب، کہاں اور کیسے ہوئی اور گرودیو نے آپ کو کھینچ تان کر انتظار حسین کے ''زرد کتا'' کے قریب کیوں کر دیا؟

☆☆ گرودیو دراصل یونیورسٹی کے پروفیسر تھے۔ میں نے صرف ماحول کو تبدیل کر دیا۔ سارے کردار جیتے جاگتے ہیں اس میں ''زرد کتا'' بالکل نہیں ہے۔ انتظار حسین کا ''زرد کتا'' طمع دینا کی علامت ہے۔ جو تین دن فاقے سے مجبور ہو کر ایک لقمہ حرام کھاتے ہی زندگی بھر کے لیے ساتھ ہو گیا۔ ساری زندگی ''وہ'' کشمکش میں مبتلا رہا اور اس سے پیچھا نہ چھڑا سکا۔ ''خس آتش سوار'' میں تو ''وہ'' بھگوان سے بغاوت کر کے آشرم چھوڑ دیتا ہے۔ وہ سیدھے سادھے انسان کی زندگی جینا چاہتا ہے۔

☆ افسانہ ''سنگ گراں'' میں نسوانی بیالوجی کے حوالے سے آپ کو فحاشی کی زد میں کیوں کھڑا کیا گیا؟

☆☆ نہیں ایسا کچھ نہیں ہوا کسی نے فحاشی کی بات نہیں کی۔ یہ افسانہ ماہ نامہ ''شاعر'' میں شائع ہوا تھا۔ کئی قارئین بشمول افسانہ نگار علی امام نقوی نے خط لکھ کر پسندیدگی کا اظہار کیا۔ ایک قاری نے لکھا تھا افسانہ پڑھ کر میں اور میری بیوی رو پڑے۔ اپنی کہانیوں کے دفاع میں کچھ کہنا بڑا عجیب لگتا ہے۔

☆ باپ بستر مرگ پر اور بیٹا اسی کمرے کے باتھ روم میں بیوی کے ساتھ استراحت کرے، ہمارے ماحول سے مطابقت نہیں رکھتا۔ انگریزی سے ماخوذ ہو تو دوسری بات ہے؟

☆☆ نہیں! یہ انگریزی سے ماخوذ نہیں ہے۔ ایک غریب آدمی کا ریوریٹ ہاسپٹل کے پر تعیش کمرے میں پہنچ کر اپنے جذبات پر قابو نہیں رکھ پاتا۔ مہدی جعفر نے لکھا ''بیگ احساس کے افسانے ''سانسوں کے درمیان'' میں ایک نئی تکنیک استعمال ہوئی ہے جو شعور کی رو کے مشابہ ہے۔ زمانہ حال کی چبھن فرد کے دماغ پر تناؤ، دباؤ اور ذمہ داری کا بوجھ سب ایک طرح کی ذہنی رو میں بدل جاتے ہیں جس میں مدو جزر Up heval موجود ہے۔ افسانوی پلاٹ کے ساتھ یہ تکنیک ٹریٹمنٹ میں بدل جاتی ہے''۔

☆ حیدرآباد دکن میں نوابین کے دور کی کہانیوں کو جس طرح واجدہ تبسم نے آشکار کیا آپ اس طرح نہیں کر سکے بلکہ آپ کے ہاں تو اس حوالے سے درگزر کی پالیسی نظر آتی ہے؟

☆☆ واجدہ تبسم ایک اچھی افسانہ نگار تھیں۔ سلیمان اریب کے ''صبا'' نے انھیں پہچان دی تھی۔ وہ لٹ پٹ کر حیدرآباد آئی تھیں۔ افسانہ ''اترن'' کی کامیابی کے بعد ایک کمرشیل رسالے کی ایما پر ایسے چٹخارے دار افسانے لکھنے لگیں جن کا حیدرآبادی تہذیب و ماحول سے دور کا واسطہ بھی نہ تھا۔ یہ افسانے ان کی ذہنی اختراع تھے۔ پیسہ تو انھیں مل گیا لیکن ان کی امیج بہت متاثر ہوئی۔ اقبال متین، جیلانی بانو، عوض سعید اور آمنہ ابوالحسن کا بھی اسی دور سے تعلق تھا کسی نے اس طرح کے افسانے نہیں لکھے۔

☆ جو لوگ آپ کے ناسٹلجیا کا ذکر کرتے ہیں ان کا اشارہ کسی خاص سمت میں ہوتا ہے؟

☆☆ میرا ناسٹلجیا حیدرآباد کی پرانی تہذیب، پولیس ایکشن کے سانحے، جدوجہد کے دونوں کی یادوں تک محدود ہے۔آپ کے ذہن میں کوئی خاص سمت ہے تو میں سمجھ نہیں پایا۔میری پوری زندگی آئینے کی طرح ہے۔

☆ آپ کی کچھ کہانیوں میں فلمی رنگ نظر آنے کے پیچھے کیا راز ہے؟

☆☆ فلموں سے میری گہری دلچسپی کی ایک وجہ ہے۔میں نے فلمی رسائل میں کام بھی کیا۔فلمی اداکاروں سے انٹرویو لیے۔فلموں کی شوٹنگ دیکھی۔ پروڈیوسر آدرش کی ایک فلم کی اسکرپٹ اور مکالمے بھی لکھے۔ممکن ہے فلموں میں بحیثیت کہانی نویس یا مکالمہ نگار چلا جاتا لیکن جدوجہد کرنے کی ہمت نہ تھی۔ یونیورسٹی میں کیریر بنانا زیادہ باعزت اور آسان لگا۔

☆ تخلیق کاروں پر ایسا وقت اکثر آتا ہے جب تلاش وبسیار کے باوجود تخلیق کا سرا ہاتھ نہیں آتا ایسے وقت میں آپ کہانی کو کس طرح تلاش کرتے ہیں؟

☆☆ میں انتظار کرتا ہوں۔کہانیاں تلاش نہیں کرتا۔اسی وقت لکھتا ہوں جب کہانی دستک دیتی ہے۔اس لیے بہت کم لکھا۔

☆ آپ کے مزاج میں وہ کون سا عنصر ہے جس کے باعث آپ کے افسانوں کا اختتام اکثر حزنیہ ہوتا ہے؟

☆☆ بچپن میں یتیم ہو جانا۔خواہشات کا سہم جانا۔لوگوں کے ساتھ نیکی اور اچھا سلوک کرنے کے بعد ان کا پلٹ کروار کرنا۔بہت سے ساتھیوں کی اچانک موت۔شاید یہی عناصر ہیں۔

☆ اگر آپ اپنے متن کو طبع زاد نہیں مانیں گے تو کسی کو کیا پڑی ہے کہ وہ مفت میں مغزماری کرتا پھرے؟

☆☆ جو متن طبع زاد ہوتا ہے اسے طبع زاد مانتا ہوں۔

☆ نورالحسنین صاحب کس پولیس ایکشن کی بات کر رہے ہے جسے آپ نے بھی بھوگا ہے؟

☆☆ وہی پولیس ایکشن جس کا ذکر ابراہیم جلیس اور ظفرالحسن نے کیا اور مجتبیٰ حسین کرتے ہیں۔بڑی لمبی کہانی ہے سقوط حیدرآباد کی۔مختصر یہ کہ ریاست حیدرآباد کو ہندوستان میں ضم کرنے کے لیے آپریشن پولو کے نام سے فوج نے چڑھائی کر دی۔نظام دکن کی فوج نے کوئی مقابلہ نہیں کیا۔اس کاروائی کے نتیجے میں دو لاکھ سے زیادہ مسلمان مارے گئے۔کئی بے گھر اور کنگال ہو گئے۔یہ سب کچھ پُرامن طریقے سے بھی ہو سکتا تھا۔اس کے بعد تو دنیا ہی بدل گئی۔پولیس ایکشن کو ہمارے بزرگوں نے بھوگا جس کے اثرات ہماری زندگیوں پر بھی پڑے۔

☆ انڈیا سے ایک ہندوستانی ادیب پاکستان تشریف لائے تو انہیں انڈو پاک میں کوئی فرق نظر نہیں آیا مگر جب یہ ہی صاحب حیدرآباد دکن گئے تو وہاں کا لے برقعے، کالے ڈھاٹے، کالے موزے اور کالے دستانے دیکھ کر اسے منی پاکستان سے موسوم کر دیا؟

☆☆ حیدرآباد پر مسلمانوں نے برسوں حکومت کی۔اس کا اثر یہاں کی تہذیب پر آج بھی موجود ہے۔یہاں شرفا شروع سے پردہ کرتے ہیں۔ہاں اب بھی عورتیں اور لڑکیاں برقعہ اوڑھتی ہیں۔بازار، سنیما ہال، پارک ہر جگہ برقعے نظر آتے ہیں۔لڑکیاں برقعہ پہن کر ہی یونیورسٹی بھی آتی ہیں۔بعض مسلمان لڑکیاں پردہ نہیں بھی کرتی ہیں۔صرف برقعوں کے استعمال کی وجہ سے منی پاکستان تو نہیں کہا جا سکتا کیوں کہ حیدرآباد میں ہندو مسلمان، شعیہ، سنّی مل جل کر رہتے ہیں۔ یہاں رمضان المبارک روایتی دھوم دھام سے گزارا جاتا ہے۔ہندو بھائی حلیم بڑے شوق سے کھاتے ہیں۔رات بھر بازار کھلا رہتا ہے عام دنوں میں بھی مغلائی اور دکنی کھانوں کے ہوٹلوں میں ہندو، مسلمان برابر کی تعداد میں نظر آتے ہیں۔صبح کے وقت اڈلی، دوسہ کی ہوٹلوں میں بے شمار مسلمان جاتے ہیں اور ناشتہ کرتے ہیں۔رمضان اور دیوالی کے موقع پر جوڈسکاؤنٹ دیا جاتا ہے اس سے ہندو مسلمان دونوں فائدہ اٹھاتے ہیں۔خریدنے والے یہ نہیں دیکھتے کہ دکان ہندو کی ہے یا مسلمان کی۔بہتر چیز تلاش کرتے ہیں۔یہاں عورتیں خود کو محفوظ سمجھتی ہیں۔ اب ہندو لڑکیاں بھی منہ پر ڈھاٹا باندھنے لگی ہیں۔

☆ اب جب کہ سعودی عرب میں امریکہ کی ہدایت پر انتہا پسندی کے خلاف سنٹر کھل گیا ہے جو نئے اسلامی نصاب کے ساتھ اساتذہ کی تربیت بھی نئے انداز میں کریگا۔ان حالات میں یہ مذہبی انتہا پسندی کیا رُخ اختیار کرے گی؟

☆☆ ساری دنیا مذہبی انتہا پسندی کا شکار ہو رہی ہے۔مسلکی افتراق پر مسلمان ایک دوسرے کے خون کے پیاسے ہو رہے ہیں۔فرانس میں حجاب کی مخالفت کی جا رہی ہے۔ٹرمپ کا اقتدار میں آنا امریکیوں کے ذہنی رجحان کی غمازی کرتا ہے۔ایک ایک کر کے مسلمان حکومتیں ختم کی جا رہی ہیں۔جارحانہ وطن پرستی اور مذہبی انتہا پسندی دنیا کو تباہ کر دیں گے۔

☆ بیگ احساس کی نظر میں ایسی کیا خاص بات ہے کہ ان کی نظر کے بغیر حیدرآباد دیکھا ہی نہیں جا سکتا وہ خاص بات ہمیں بھی بتلایئے؟

☆☆ ہو سکتا ہے دوستوں نے حیدرآباد کے خاص مقامات، کچھ اچھی ہوٹلیں میرے توسط سے دیکھی ہوں۔اچھے لوگوں سے ملاقات کی ہو۔جو مقامی آدمی ہوتا ہے وہی شہر کے بارے میں زیادہ جانتا ہے۔

☆ حیدرآباد شہر کا برانڈ ایمبیسڈر کہنے والے ان خدمات کا ذکر نہیں کرتے جس کے بدلے میں یہ اعزاز بخشا گیا؟

☆☆ برانڈ ایمبیسڈر کا اعزاز بخشا ایک طرح سے خدمات کا اعتراف ہی تو ہے۔

☆ آپ کے بیان کے مطابق قرۃ العین حیدر کے ناول سے پہلے بھی

اردو ادب میں بہت سے معیاری ناول تحریر کیے گئے اگر ہم آپ کے بیان کی روشنی میں ''آگ کا دریا'' کا مقام اور معیار دریافت کریں تو آپ کیا کہیں گے؟

☆☆ ہاں! قرۃ العین حیدر سے قبل بھی ناول کی روایت مضبوط رہی۔ ابن الوقت، امراؤ جان ادا، فردوس بریں، گئو دان، گریز، لندن کی ایک رات، ٹیڑھی لکیر، ایک چادر میلی سی وغیرہ آگ کا دریا سے قبل لکھے جا چکے تھے۔ آگ کا دریا پہلا ٹائم ناول ہے۔ پہلی بار قرۃ العین حیدر نے ڈھائی ہزار سال کی تاریخ کا احاطہ کیا ہے۔ اپنے موضوع، ٹیکنک اور ٹریٹمنٹ کی بنیاد پر اس ناول نے نئی بلندیوں کو چھوا ہے۔ گہرائی اور گیرائی کے اعتبار سے بھی اس کی اہمیت ہے۔ یہ ایک ایسا کارنامہ ہے جس کی مثال اردو تو کیا دوسری زبانوں کے ادب میں بھی نہیں ملتی۔ ناول کا اختتام بڑا معنی خیز ہے۔ انسان تنہائی، شکست اور تھکاوٹ کے باوجود پُر امید ہے۔ انسان جو خدا میں ہے اور خدا ہے۔ قرۃ العین کو نوبل پرائز دیا جاتا تو اس پرائز کی توقیر میں اضافہ ہوتا۔ بلاشبہ وہ اردو کی سب سے بڑی ناول نگار ہیں۔

☆ بہ طور نقاد آپ قرۃ العین حیدر کے اس بیان کو کس نظر سے دیکھتے ہیں کہ انہوں نے ورجینا وولف کا ناول آگ کا دریا کے بعد پڑھا؟

☆☆ مجھے ان کی بات تسلیم کرنے میں تامل ہے۔ میں نے اپنی ایک اسکالر (جو انگریزی کی بھی ایم۔ اے تھی) سے قرۃ العین حیدر اور ورجینا وولف کے تقابلی مطالعے پر کام کروایا۔ دونوں میں بے پناہ مماثلت ہے۔ حتیٰ کہ بعض اقتباسات تک حیرت انگریز طور پر ملتے جلتے ہیں۔

☆ اردو زبان آپ کے خیال میں اپنے انجام کے کس مرحلے میں ہے بالخصوص ہندوستان کے سیکولر معاشرے کے ضعف کے بعد اردو ادب و شاعری کہاں نظر آتے ہیں؟

☆☆ اردو زبان تو باقی رہے گی۔ اس کے انجام کی فکر کرنے کی ضرورت نہیں ہے بعض سیاسی لیڈروں کے بے تکے بیانات، تشدد کے بعض واقعات کی وجہ سے ہندوستان میں سیکولر معاشرے کا ضعف محسوس کیا جا رہا ہے عام آدمی آج بھی اتنا ہی سیکولر ہے جیسا پہلے تھا۔ ہندوستان میں ''ریختہ'' اور ''جشن ادب'' کی سرگرمیوں سے آپ واقف ہی ہوں گے ان دونوں تنظیموں کے سربراہ غیر مسلم ہیں۔ ''ریختہ'' کی ڈیجیٹل آن لائن لائبریری ہے جس میں ہزاروں کتابیں موجود ہیں۔ اردو آج بھی ہندی اور انگریزی اسکرپٹ میں خوب فروخت ہو رہی ہے۔ اردو ادب اور شاعری روبہ زوال ہیں۔ حیدر آباد میں بھی اردو کے سارے دانشور ختم ہو گئے ہیں۔ جیلانی بانو، پروفیسر انور معظم اور پروفیسر یوسف سرمست نے محفلوں میں آنا چھوڑ دیا۔ کافی ضعیف ہو چکے ہیں۔ لے دے کے ہمارے کرم فرما مجتبیٰ حسین رہ گئے ہیں جو ذہنی طور پر پوری طرح چاق و چوبند ہیں۔ پاکستان میں بھی یہی صورت حال ہے۔ شاعروں اور دانشوروں کی کہکشاں بکھر چکی ہے۔ غزل کے فن کاروں کی اب وہ اہمیت باقی نہیں رہی۔ ٹی۔ وی پروگراموں کے معیار سے زوال کا اندازہ کیا جا سکتا ہے۔ لیکن تقریباً یہی صورت حال تمام زبانوں کی ہے۔ امید افزا بات یہ ہے کہ اردو رسم الخط کو کمپیوٹر نے قبول کر لیا، فیس بک اور واٹس آپ پر اردو لکھی جا رہی ہے۔ سمارٹ فونز میں اردو کا Option ہے۔ اس لیے مایوس ہونے کی ضرورت نہیں ہے۔

☆ ہندوستان میں بڑھتی ہوئی تشدد کی لہر نے اقلیتوں بالخصوص مسلمانوں کو جس طرح عدم تحفظ کے احساس سے دو چار کیا ہے اس کے ردِ عمل میں مسلم قوم کا مستقبل کیسا نظر آتا ہے؟

☆☆ پہلے کے مقابلے میں عدم تحفظ کا احساس زیادہ ہو گیا ہے۔ اب سب کچھ کھلے طور پر ہو رہا ہے پہلے وہی سب کچھ چوری چھپے کیا جاتا تھا۔ بی جے پی اگر اقتدار پر آئی ہے تو کانگریس کی غلط پالیسیوں کی وجہ سے آئی ہے۔ ملک پر کانگریس نے طویل عرصے تک حکومت کی اور ساری خرابیاں اسی کی وجہ سے در آئی ہیں۔ ملک میں تشدد کی لہر چل رہی ہے لیکن اس کا شکار صرف مسلمان ہی نہیں سیکولر ہندو بھی ہو رہا ہے۔ کلبرگی، پنسارے، دابھولکر اور گوری لنکیش سیکولر ہندو تھے جنھیں قتل کیا گیا۔ میڈیا کے بک جانے کے باوجود ایمان دار صحافی اپنا فرض ادا کر رہے ہیں۔ مسلمان ملک کا حصہ ہیں۔ انھیں نظر انداز کر کے ترقی نہیں کی جا سکتی۔ صرف کانگریس کو الزام دے کر حکومت نہیں کی جا سکتی ہے کیوں کہ پارلیمنٹ میں آپ کو مکمل اکثریت حاصل ہے۔ ہمارا جمہوریت پر ایقان ہے اس لیے موجودہ دور کو ایک عارضی وقفہ سمجھتے ہیں۔ مہنگائی، بے روزگاری، جہالت اور مفلسی، معاشی بحران کا شکار ہندو مسلمان دونوں ہیں اس لیے مستقبل سے ہم مایوس نہیں ہیں۔

☆ کیا بھارت کے موجودہ حالات کو کسی طور پر روہنگیا، کشمیر، فلسطین، افغانستان، ایران، عراق، شام، ترکی اور پاکستان سے جوڑا جا سکتا ہے۔ اگر جواب ہاں میں ہے تو اس کے نتائج؟

☆☆ ہندوستان کے موجودہ حالات کو روہنگیا، فلسطین، افغانستان، ایران، عراق، شام، ترکی اور پاکستان سے بالکل نہیں جوڑا جا سکتا۔ حالات اتنے ابتر نہیں ہیں۔ ہر غیر ذمہ دار بیان کے بعد صفائی بھی پیش کی جاتی ہے۔ ناخوش گوار واقعات دہرائے نہیں جا رہے ہیں۔ ہندوستان بہت بڑا ملک ہے۔ ہر ریاست کا ماحول مختلف ہے۔ جنوب میں بی جے پی کا کوئی اثر نہیں ہے۔ بنگال اور پنجاب پر نہیں ہے۔ یہ ریاستیں نسبتاً پر امن ہیں۔ ملک کے مختلف حصوں میں الگ الگ کلچر ہے۔ مثلاً حیدر آباد میں اشرافیہ گائے کا گوشت کھانا پہلے ہی سے پسند نہیں کرتی۔ صرف غریب اور نچلے متوسط درجے کے افراد گائے کا گوشت کھانے کے عادی تھے۔ تمام ہوٹلوں میں بکرے کا گوشت استعمال ہوتا ہے یا پھر چکن...!! یوپی، بہار کے لوگ بڑے جانوروں کے گوشت کے عادی ہیں۔ جنوب والے نہیں ہیں۔ حالات کتنے ہی بدتر ہوں متذکرہ ملکوں کی طرح ابتر نہیں ہو سکتے۔

بیگ احساس تم ہی ہو؟

مجتبیٰ حسین

(حیدرآباد، دکن)

وقت بھی کیا ظالم چیز ہے، پروفیسر بیگ احساس جیسے سدابہار جوانِ رعنا کو بھی بالآخر ریٹائر کردیتا ہے حالانکہ بیگ احساس اور ریٹائرمنٹ دو متضاد باتیں ہیں۔ جو لوگ بیگ احساس کو حیدرآباد سنٹرل یونیورسٹی کے پروفیسر کی حیثیت سے جانتے ہیں وہ تو اُن کے پروفیسر ہونے کے سانحہ کو کونسی خوشی برداشت کرلیتے ہیں لیکن جو لوگ اُنھیں شخصی طور پر نہیں جانتے وہ یونیورسٹی کے ماحول میں بیگ احساس کو دیکھ کر یہ فرض کرلیتے ہیں کہ موصوف یقیناً ایم فل یا پی ایچ ڈی کے طالب علم ہیں۔ میری زندگی میں دو ہی دوست ایسے ہیں جنھیں قدرت نے تھرموس میں رکھ کر پیدا کیا ہے، ایک تو میرے زمانۂ طالب علمی کے دوست وہاب عندلیب ہیں جن پر عہدِ طفلی کچھ ایسے پُر شباب اور پُر استقلال انداز میں نازل ہوا کہ حُلیے، ڈیل ڈول اور قد و قامت کے اعتبار سے آج بھی طفلِ مکتب کی طرح ہی نظر آتے ہیں۔ حالانکہ خیر سے اب اسّی (80) برس کے ہو چکے ہیں۔ دوسرے بیگ احساس ہیں جن پر عہدِ طفلی کے بعد نوجوانی تو ضرور نازل ہوگئی لیکن اوپر سے بڑھاپے کے نازل ہونے میں تاخیر ہوتی چلی جارہی ہے۔ غالباً یہ بڑھاپا مرکزی حکومت کی زیرِ نگرانی نازل ہو رہا ہے بھی تو تاخیر ہوتی چلی جارہی ہے۔ میں نے بیگ احساس کو چالیس، پینتالیس برس پہلے حیدرآباد میں دیکھا تھا، جب وہ غالباً رسالہ ''فلمی تصویر'' میں ایک نوجوان صحافی کی حیثیت سے کام کیا کرتے تھے۔ یقین جانیے اس طویل مدت میں مجھے تو اُن کی ذات میں بظاہر کوئی نمایاں تبدیلی محسوس نہ ہوئی۔ ایک پاکستانی شاعر کا شعر ہے:

دل فسردہ تو ہوا دیکھ کر اُس کو لیکن
عمر بھر کون حسیں کون جواں رہتا ہے

یہ شعر مجھے یہاں اس لئے یاد آیا کہ بیگ احساس کی سالم شخصیت اس شعر کے خلاف ایک ''تردیدی بیان'' کی حیثیت رکھتی ہے کیونکہ خوش شکل، خوش جمال، خوش باش، خوش پوشاک، خوش اطوار، خوش اخلاق، خوش سلیقہ اور خوش آثار بیگ احساس کو دیکھنا بھی ایک خوشگوار تجربہ سے کم نہیں ہے۔ اُنھیں دیکھ کر دِل کے فسردہ ہونے کا تو سوال ہی پیدا نہیں ہوتا کیونکہ وہ تو سراسر خوش ذوقی، خوش مذاقی، خوش دلی، خوش سلیقگی اور خوش مزاجی کا پیکر ہیں۔ پچھلے دنوں ایک صاحب نے مجھ سے پوچھا تھا کہ بیگ احساس کس چکّی کا پِسا ہوا آٹا کھاتے ہیں کہ ہر دَم تروتازہ اور چاق و چوبند دکھائی دیتے ہیں؟۔ اس پر میں نے کہا تھا: ''مجھے تو یوں لگتا ہے کہ یہ آٹے کے ساتھ تھوڑی سی چکّی بھی ضرور کھالیتے ہیں، اور یوں بھی اُن کا ہاضمہ اور حافظہ دونوں غضب کے ہیں۔'' دلچسپ بات یہ ہے کہ بیگ احساس اپنے آپ کو جوان برقرار رکھنے یا ظاہر کرنے کی خاطر کسی ایسے بھاری بھرکم میک اَپ کو بھی اختیار کرنے کے قائل نہیں ہیں جس سے گذر کر آدمی جوان کم اور جوکر زیادہ نظر آنے لگتا ہے۔ یہ ضرور ہے کہ اپنے بالوں کو بڑے جتن کے ساتھ خضاب سے رنگتے ہیں۔ یہ نکتہ بھی قابلِ غور ہے کہ صرف بالوں کی سفیدی ضعیفی کی علامت نہیں ہوتی۔ مجھے اس وقت احمد ندیم قاسمی مرحوم یاد آگئے جن کے بارے میں مشہور ہے کہ اُن کے سر کے بال جوانی میں ہی سفید ہوگئے تھے، اور اُنھوں نے اپنی جوانی سفید بالوں کے ساتھ ہی گذار دی۔ تاہم بہت بعد میں بعض دوستوں کے مشورے پر اُنھوں نے اپنے بالوں کو خضاب سے رنگنا شروع کردیا۔ ایک محفل میں احمد ندیم قاسمی کے ایک دوست نے ایک صاحب کا تعارف احمد ندیم قاسمی سے کرانے کی کوشش کی تو اُن صاحب نے کہا: ''حضور! آپ احمد ندیم قاسمی کا تعارف مجھ سے کیا کرائیں گے، میں تو اُنھیں اُس وقت سے جانتا ہوں جب اُن کے بال سفید ہوا کرتے تھے۔''

معاف کیجئے، بیگ احساس کی وجاہت اور دیدہ زیبی کا ذکر کچھ طویل ہوگیا۔ کہا جاپان کا ڈر ہے کہا جاپان تو ہوگا والا معاملہ ہے۔ یوں بھی جب میں نے بیگ احساس کے بارے میں کچھ لکھنے کا ارادہ کیا تو دل سے آواز آئی ''میاں برخوردار! تم نے زندگی بھر اپنی تحریروں میں اُردو کے پروفیسروں کا مذاق اُڑایا ہے۔ اب کس مُنہ سے بیگ احساس کے مُنہ پر خود اُن کے مُنہ کی تعریف کروگے'' بیشک میں نے اُردو کے اُن ہی پروفیسروں کا مذاق اُڑایا ہے جنھیں اُردو سے محبت نہیں ہے، اور وہ اپنے پیشہ اور اُس کی حُرمت کا لحاظ نہیں رکھتے۔ ایک دن میں نے اُردو کے ایک پروفیسر کے گھر جاکر کال بیل بجائی۔ جواب میں اُن کے آٹھ سالہ بیٹے نے دروازہ کھولا تو میں نے پوچھا: ''کیوں میاں تمہارے والد صاحب قبلہ گھر پر ہیں؟'' اس پر معصوم و مظلوم بچے نے وہیں سے اپنا مُنہ پلٹا کر بہ آوازِ بلند اپنی ماں سے پوچھا ''ممی! کیا ہمارے گھر میں کوئی والد صاحب قبلہ بھی رہتے ہیں؟'' اُس کے اس معصوم سوال پر میں دل مسوس کر رہ گیا۔ افسوس ہوا کہ اُردو کے پروفیسر ہونے کے باوجود خود پروفیسر صاحب نے کبھی اپنے بیٹے کو یہ نہیں بتایا کہ وہ انگریزی میں اس کے ''ڈیڈی'' ہونے کے علاوہ اُردو میں اُس کے ''والد صاحب قبلہ'' بھی کہلائے جاتے ہیں۔''

اُردو کے ایک پروفیسر کا کوئی کام کسی محکمہ میں رُکا پڑا تھا، بہت پریشان تھے۔ اتفاق سے میں اس محکمہ کے سربراہ کو جانتا تھا۔ مجھ سے دست بستہ گذارش کی کہ اس بارے میں ایک سفارشی خط اس محکمہ کے سربراہ کے نام لکھ دوں۔ چنانچہ میں نے اِدھر خط لکھا اور اُدھر اُن کا کام ہوگیا۔ اس کے جواب میں پروفیسر موصوف نے خوشی سے سرشار ہوکر شکریہ کا جو بے مثال خط اپنی بے مثال اُردو میں لکھا، اُس کے چند جملے من و عن ملاحظہ فرمائیے۔'' عالی جناب! آپ کی عنایت، کرم فرمائی،

بندہ نوازی اور غرباء پروری کا بے حد شکریہ کہ آپ کی مصلحت پسندیوں، اِفترا پردازیوں اور موقع پرستیوں کی بدولت میرا کام پورا ہوگیا۔ پھر ایک بار شکریہ۔" اُردو کے اساتذہ کی غلطیوں کی مثالیں پیش کرنے پر اُتر آؤں تو صفحے کے صفحے سیاہ کرسکتا ہوں۔ ہے ادب شرط مُنہ نہ کھلوائیں۔

مثل مشہور ہے کہ لوہا ہی لوہے کو کاٹتا ہے۔ جب میں نے اُردو کے پروفیسروں کے خلاف بہت کچھ لکھ دیا تو ایک دن میرے کرم فرما حیدرآباد سنٹرل یونیورسٹی کے وائس چانسلر پروفیسر اختشام حسنین نے مجھے اپنی یونیورسٹی میں دو سال کی مدت تک کے لئے خود اُردو کا وزیٹنگ پروفیسر بنادیا۔ اُردو کے پروفیسروں کے خلاف میں نے ماضی میں جو کچھ لکھا تھا اُس پر مجھے ملال یا پچھتاوا تو نہیں ہوا، البتہ انجانے طور پر اُردو کے پروفیسروں اور اساتذہ کے تئیں میرے دل میں ہمدردی اور یگانگت کے جذبات پروان چڑھتے چلے گئے۔ میں اس سے پہلے بھی کئی سمیناروں میں شرکت کرچکا تھا مگر اَب بہ اندازِ دگر شرکت کرنے کا موقع ملا۔ اساتذہ، ریسرچ اسکالروں اور طلبہ سے جوں جوں تبادلۂ خیال بڑھتا گیا مجھے احساس ہونے لگا کہ اُردو کے اساتذہ کو کتنی پیچیدہ صورت حالات کا سامنا کرنا پڑتا ہے۔ ہمارے تعلیمی نظام میں اُردو کی جڑیں بڑی تیزی سے کٹتی چلی جارہی ہیں۔ پہلے تو اُردو کے طلبہ کی نئی نسل آ ہی نہیں رہی ہے اور جو آرہی ہے اُس کی علمی استعداد بڑی مشکوک ہے۔ لگتا ہے پرائمری سے لے کر ہائر سکینڈری سطح تک ابتداء میں ہی ان طلبہ کی کوئی قابل لحاظ تربیت ہو نہیں پارہی ہے۔ اب بی اے اور ایم اے میں بھلا اچانک ان کی تربیت کیونکر ہو پائے گی۔ بیشک کچھ مخصوص علاقوں سے آنے والے اور خاص طور پر مدرسہ کی بیک گراؤنڈ رکھنے والے طلبہ کی تعلیمی استعداد بہتر ہوتی ہے لیکن اس سے تعلیم کے عمومی معیار میں کس طرح یکساں اضافہ ہوسکتا ہے۔ ایسے میں یونیورسٹی میں بیٹھا ہوا اُردو کا استاد اُردو کے لئے کچھ کرے تو کیا کرے اور کتنا کرے۔

معاف کیجئے مجھے بیگ احساس کے بارے میں کچھ عرض کرنا ہے اور میں اُردو کی تعلیم اور اُردو اساتذہ کے پھیر میں اُلجھ گیا۔ بیگ احساس کو میں نے اُردو کے نہایت تجربہ کار اور منجھے ہوئے پروفیسر کے روپ میں پایا۔ میں یہ نہیں کہتا کہ وہ ایک سحر البیان مقرر ہیں مگر جب بولتے ہیں تو نہایت نپے تلے انداز میں کسی بھی موضوع کے حتی الامکان سارے گوشوں کا احاطہ کرتے ہوئے خیال کی گرہوں کو رفتہ رفتہ کھولتے چلے جاتے ہیں۔ وہ لفظوں کے طوطا مینا نہیں بناتے بلکہ کم سے کم الفاظ میں زیادہ سے زیادہ معنیٰ و مطالب کو ادا کرنے کا ہُنر جانتے ہیں۔ کم آمیز، کم گو، شائستہ اور مہذب بیگ احساس کی یہی سب سے اہم انفرادیت ہے۔ اُنھوں نے تدریسی سفر میں سینکڑوں ریسرچ اسکالروں کی ذہنی تربیت کی ہے۔ بے شمار سلیکشن کمیٹیوں اور سمیناروں میں شرکت کی غرض سے ملک کے مختلف شہروں کے سینکڑوں سفر کرنے کے علاوہ بیرون ملک بھی جاچکے ہیں۔

جہاں ایک پروفیسر کی حیثیت سے اُن کی اہمیت مسلمہ ہے وہیں تخلیقی سطح پر اُنھوں نے اپنا لوہا منوایا ہے۔ میری شخصی رائے ہے کہ عصرِ حاضر کے اگر پانچ بڑے افسانہ نگاروں کی کوئی فہرست مرتب کی جائے تو اُس میں بیگ احساس کا نام ضرور شامل رہے گا۔ وہ محقق اور نقاد تو ہیں ہی، فنِ افسانہ نگاری میں بڑی اہم، معتبر اور مستند شناخت رکھتے ہیں۔ وہ نہایت مخلص، سچے اور ایماندار افسانہ نگار ہیں۔ چنانچہ وہ اپنا ہر افسانہ نہایت ڈوب کر لکھتے ہیں۔ نہ صرف افسانہ میں ڈوب جاتے ہیں بلکہ افسانہ کے کرداروں میں ڈوبنے کے علاوہ افسانہ کی جُزیات اور اُس کے پلاٹ میں بھی ڈوب جاتے ہیں۔ تاہم اپنے قاری پر اتنا کرم کرتے ہیں کہ وہ ڈوبنے نہ پائے۔ ذرا دیکھیئے کتنا خیال رکھتے ہیں اپنے قاری کا۔ افسانہ کے تئیں اُن کے اہتمام اور انصرام کا یہ عالم ہے کہ ایک بار "نمی دانم کہ" کے زیرِ عنوان پیری مُریدی کے موضوع پر کوئی افسانہ لکھنے کا ارادہ کیا تو مختلف پیروں کے مزاروں پر حاضری دینے کے علاوہ درگاہوں اور خانقاہوں کے پھیرے لگانے شروع کردیئے۔ پیلے رنگ کا صوفیانہ لباس تک پہننا شروع کردیا اور قوالیوں میں اپنے اوپر وجد کی کیفیت بھی طاری کروانے لگ گئے بالآخر جب اُن کا افسانہ چھپا تو مجھے اُن کے افسانہ میں پوشیدہ اصلی زندگی کے کرداروں کو پہچاننے میں کوئی دشواری پیش نہیں آئی۔ جتنی محنت وہ خود افسانہ لکھنے میں کرتے ہیں اُتنی ہی محنت وہ اپنا افسانہ پڑھنے والے قاری سے بھی کراتے ہیں۔ کم از کم مجھ جیسے کم علم سے تو محنت ضرور کرواتے ہیں۔ جب سے میری عمر کے اسّی برس کے قریب تک پہنچنے کے آثار دکھائی دینے لگے ہیں، میں نے اپنی ساری ڈکشنریوں کو اُٹھا کر الماری کے سب سے اوپر والے شیلف میں رکھوادیا ہے۔ بھلا اب اس عمر میں کسی لفظ کے معنیٰ جان کر میں کیا کروں گا، اور اگر معنیٰ سمجھ میں بھی آگئے تو اُن پر عمل پیرا کیونکر ہوسکوں گا۔ تاہم بیگ احساس نے کم از کم دو مرتبہ مجھ جیسے ضعیف آدمی کو مجبور کیا کہ میں سیڑھی لگا کر جیسے تیسے اُن ڈکشنریوں کو نیچے اُتاروں۔ اصل قصہ یہ ہے کہ اُن کے ایک افسانہ کا عنوان تھا "حنظل"۔ اب میں پریشان کہ یہ 'حنظل' کیا بلا ہے۔ تلاش بسیار کے بعد ڈکشنری دیکھی تو پتہ چلا کہ کڑوے پھل کو کہتے ہیں، بتایئے میں تو صبر کے پھل کے انتظار میں ہوں اور بیگ احساس نے میری خدمت میں کڑوا پھل پیش کردیا۔ ایک اور افسانہ کا عنوان تھا "دَخمہ" اس بار پھر وہی سیڑھی کی کشاکش اور محنت سے گذر کر معنیٰ دیکھے تو معلوم ہوا "پارسیوں کے قبرستان" کو کہتے ہیں۔ اب بھلا بتایئے عمر کی اس منزل میں اگرچہ قبرستان کا خیال اکثر آتا ہے لیکن میں پارسیوں کے قبرستان کو لے کر کیا کروں گا۔ مگر جب افسانہ پڑھا تو اُس کے انوکھے بیانیے اور طرزِ ادا کو پڑھ کر جی خوش ہوگیا۔ چلو ڈکشنریوں والی کڑی محنت اکارت تو نہیں گئی۔

حضرات! بیگ احساس سے میرے تعلقات کی نوعیت کچھ ایسی ہے کہ میں اُنھیں بے حد عزیز رکھتا ہوں، اور میری بے حد عزت کرتے ہیں۔ ان دو "بے حدوں" کی وجہ یہ ہے کہ میں اُن سے عمر میں کم و بیش پندرہ برس بڑا ہوں۔ اُنھوں نے از راہِ عقیدت اب تک مجھ ناچیز کے بارے میں تین طول طویل مضامین لکھے

ہیں۔ دوسری طرف میری کوتاہی ملاحظہ فرمائیے کہ میں پھر بھی خاموش رہا۔ سوچتا رہا کہ اگر میں خدانخواستہ کچھ ایسا ویسا لکھ گیا تو کہیں اُن آبگینوں کوٹھیس نہ لگ جائے جو مجھے بہت عزیز ہیں۔ دو ڈھائی برس پہلے مجھے جب حیدرآباد سنٹرل یونیورسٹی میں دو برس کی مدت کے لئے وزیٹنگ پروفیسر بنادیا گیا تو مجھے سرکاری طور پر صدر شعبہ اردو پروفیسر بیگ احساس کی ماتحتی میں کام کرنے کا موقع بھی ملا۔ مگر اللہ رے پروفیسر بیگ احساس کی شان بے نیازی کہ میں جب بھی اُن کے کمرے میں گیا، ہزار مصروفیت کے باوجود ہمیشہ اپنی کُرسی سے اُٹھ کر ملے، اور میں جب بھی اُن کے کمرے سے نکلتا تو ہمیشہ مجھے رُخصت کرنے کے لئے غالباً محض اس ڈر سے باہر تک آجاتے تھے کہ میں کہیں واپس نہ آجاؤں۔

بیگ احساس جیسے وضعدار، روادار، طرح دار، مونس وغمخوار، نفیس، شائستہ، مہذب اور سلیقہ مند نوجوان کے بارے میں لکھنے پر آؤں تو لکھتا ہی چلا جاؤں گا حالانکہ کہنے کو بہت سی باتیں باقی رہ گئی ہیں۔ تاہم مجھے خاکہ کی طوالت کا نہ صرف احساس بلکہ بیگ احساس تک ہورہا ہے۔ سماجی محفلوں میں خود بیگ احساس نہایت کم آمیز اور کم گو واقع ہوئے ہیں۔ البتہ خانگی محفلوں میں کُھل جاتے ہیں تو یہ الگ بات ہے۔ میں یہ بات دعویٰ کے ساتھ کہہ سکتا ہوں کہ اتنی لمبی رفاقت میں کبھی ایسا نہیں ہوا کہ بیگ احساس نے میرے سامنے کسی کی غیبت کی ہو، یا کسی کے خلاف کوئی ناروا بات کہی ہو۔ نہ کبھی کسی کے خلاف سازش کی اور نہ کبھی کسی ریشہ دوانی اور اِفترا پردازی میں شریک ہوئے۔ حالانکہ ہمارے آج کے عمومی اُردو معاشرہ میں ایسی باتیں 'لازمی مضمون' کی حیثیت رکھتی ہیں۔

میں آخر میں وہی بات کہنا چاہوں گا جو عموماً سب سے آخر میں کہی جاتی ہے۔ جیسا کہ آپ جانتے ہیں کہ ہر کامیاب آدمی کی کامیابی کے پیچھے ایک عورت کا ہاتھ ہوتا ہے۔ (اس کا ایک صاف مطلب یہ بھی ہوتا ہے کہ ہر ناکام آدمی کی بربادی کے پیچھے صرف ایک عورت کا ہاتھ کافی نہیں ہوتا بلکہ اس کے لئے کئی عورتوں کے ہاتھوں کی ضرورت لاحق ہوتی ہے۔ ذرا سوچئے، کتنی محنت لگتی ہے کسی کو برباد کرنے کے لئے)۔ بہر حال میں یہاں خصوصیت کے ساتھ صائمہ بیگ کے ہاتھوں کا ذکر کرنا چاہونگا جو بیگ احساس کی کامیاب زندگی کے ضامن ہیں۔ مگر یہ ہیں بڑے کمال کے ہاتھ۔ یہ ہاتھ جب بیگ احساس کا ہاتھ پکڑ لیتے ہیں تو اُنھیں کامیاب بنا کر چھوڑتے ہیں۔ جب یہ ہاتھ گھر کے باورچی خانہ میں پکوان کے ضروری ساز و سامان کے ساتھ مصروف عمل ہوجاتے ہیں تو ڈائیننگ ٹیبل پر آنے والے مہمانوں کو مجبور کردیتے ہیں کہ وہ اپنے اپنے ہاتھوں کی پانچوں اُنگلیوں کو چاٹنے میں مصروف ہوجائیں۔ (میں صائمہ بیگ کے ان پکوانی ہاتھوں کا نہ صرف معترف ہوں بکہ قائل اور قتیل بھی ہوں)۔ اور صاحب جب یہی ہاتھ گھر کی آرائش و زیبائش میں مصروف ہوجاتے ہیں تو گھر کے در و دیوار سے نہ صرف سلیقہ مندی ٹپکتی ہوئی دکھائی دیتی ہے بلکہ ذرا غور سے دیکھا جائے تو صائمہ بیگ خود بھی اپنے ہاتھوں سمیت ٹپکتی ہوئی دکھائی دیتی ہیں۔ صائمہ بیگ سے میرا ایک رشتہ یہ بھی ہے کہ وہ میرے مرحوم دوست حکیم راگی کی صاحبزادی ہیں۔ اس اعتبار سے میں اُن کا چچا کہلائے جانے کا حقدار ہوں، مگر وہ مجھے ''مجتبیٰ بھائی'' کہہ کر مخاطب کرتی ہیں۔ تاہم آپ اُن کے کہنے سُننے پر نہ جائیے۔ جو لوگ صائمہ بیگ سے شخصی طور پر واقف ہیں وہ جانتے ہیں کہ وہ حیدرآباد کی اُن چند خواتین میں سے ہیں جو اپنے لئے تذکیر کے صیغے کا استعمال کرتی ہیں۔ جیسے کہیں گی ''میں گیا تھا، میں آرہا ہوں، اور میں جارہا ہوں وغیرہ''۔ اسی لئے میں کبھی کبھی مذاق مذاق میں صائمہ سے فون پر پوچھ لیتا ہوں ''صائمہ! تم کیا کررہے ہو اور بیگ کیا کررہی ہیں؟''۔ ایسی باتوں کو سُن کر صائمہ غصہ میں آجاتی ہیں۔ فرماتی ہیں ''مجتبیٰ بھائی! آپ بڑے شریر اور نٹ کھٹ بڈھے ہیں۔'' صائمہ بیگ کے اس شریر تبصرہ کی روشنی میں، میں اپنے اس خاکہ کو ختم کرنا چاہوں گا۔

سخن تمام ہوا، اور مدح باقی ہے

بیگ احساس کے افسانے

وارث علوی

(•)

بیگ احساس کے افسانوں کا دوسرا مجموعہ "حنظل" میرے ذوق کی تسکین نہیں کرسکا۔ کیوں کہ فن افسانہ میں میرا میلان ذوق حقیقت پسندانہ افسانوں اور ناولوں کی طرف رہا ہے۔ اردو کے جدید افسانہ کی تجریدیت اور فیشن زدہ علامت پرستی سے میں کافی برگشتہ خاطر رہا۔ جیسا کہ میری تحریروں سے ظاہر ہے۔ بیگ احساس سے مایوس ہوکر میں نے ان کی کتاب حنظل بک شلف کے اس خانہ میں ڈال دی جہاں یہ افسانوی مجموعے پڑے تھے جن پر دوبارہ وقت ضائع نہ کرنے کا میں نے فیصلہ کرلیا تھا۔

لیکن ادھر رسالوں میں ان کے چند افسانوں پر نظر پڑی تو حیرت زدہ رہ گیا۔ محض اس وجہ سے نہیں کہ ان کے تخلیقی رویہ میں تبدیلی آئی تھی اور انہوں نے حقیقت پسندانہ طریقہ کار اپنایا تھا۔ کیوں کہ ایسی تبدیلیاں تجریدیت کے خلاف ردعمل کے طور پر اور کہانی کی بازآمد کے سبب اور بھی بہت سے جدید افسانہ نگاروں میں آئی تھیں لیکن محض حقیقت نگاری یا کہانی اور کردار اور کمٹ منٹ اس سماجی شعور‘ اچھی فنکاری کی ضمانت نہیں کیوں کہ فنکاری بہرصورت اعلیٰ تخیلی اور تخلیقی قوت پر منحصر رہتی ہے جو قدرت کا عطیہ ہے اور زور بازو سے پیدا نہیں ہوتی بہرحال ان کہانیوں کو پڑھ کر مجھے بیگ احساس میں ایک غیر معمولی تخلیقی قوت کا احساس ہوا۔

یہ افسانے ہیں (۱) دھار (۲) نجات (۳) سانسوں کے درمیان جو شعروحکمت میں شائع ہوئے ہیں (۴) سنگ گراں (۵) کھائی جو رسالہ شاعر میں اشاعت پذیر ہوئے۔ شاید کچھ اور بھی افسانے ہوں گے جو دوسرے رسائل میں چھپے ہوں اور ممکن ہے میری نظر سے گزرے ہوں لیکن نہ تو وہ رسائل میرے پاس ہیں نہ یہ افسانے حافظے میں محفوظ ہیں۔ لیکن بحوالہ پانچ افسانے بیگ احساس کی تخلیقی جودت اور انفرادیت کا سکہ ذہن پر جمانے کے لیے کافی ہیں اور ان کی فن کاری کے متعلق چند باتیں مجھے کرنی ہیں تو ان پانچ افسانوں کا حوالہ میرے لیے کافی ہے۔

بیگ احساس کے ان افسانوں کی ایک صفت یہ ہے کہ وہ مختصر ہیں۔ مختصر اس معنی میں نہیں جیسا کہ مختصر مختصر افسانہ ہوتا ہے اور جس کی نمائندہ مثالیں ہمارے یہاں رتن سنگھ اور عبدالعزیز خان کے افسانے ہیں۔ لیکن بیگ احساس کے تازہ افسانے دس بارہ صفحات سے زیادہ کے نہیں۔ یہ اختصار مواد کی کمی یا واقعات اور جزئیات سے احتراز یا بیانیہ میں عجز کے سبب نہیں کیوں کہ جہاں ایسا ہوتا ہے وہاں افسانہ عجلت نویسی کی زائیدہ تشنگی کا احساس چھوڑ جاتا ہے۔ اس کے برعکس بیگ احساس کا افسانہ بھرپور ہوتا ہے۔ اور سیرابی کا تاثر چھوڑ جاتا ہے۔ اس لیے ان کے یہاں اختصار اجمال کا حسن رکھتا ہے۔ ان کے یہاں ایک واقعہ ایک تفصیلی ایک جملہ اور ایک لفظ بھی بھرتی کا نہیں ملے گا۔ ان کے ایجاز اور منٹو کے ایجاز میں بڑی مماثلت ہے۔ لیکن ایجاز کا یہ سبق انہوں نے منٹو سے سیکھا ہو ایسا نہیں لگتا۔ کیوں کہ سبق سیکھنے کے لیے کم از کم افسانہ کے کینوس میں مماثلت ہونا ضروری ہے۔ بیگ احساس کا افسانہ خود اپنا ہے۔ اس پر ان کی انفرادیت کی چھاپ بھی ہے اور اس کے موضوعات مسائل اور پس منظر اس دور کا عطیہ ہیں جس میں ان کا شعور پروان چڑھا ہے اور جو منٹو‘ بیدی اور عصمت کے دور سے مختلف ہے۔ بیگ احساس کی انگلیوں کے نیچے ان کے زمانے کی نبض دھڑکتی ہے۔

اجمال کے ساتھ ان کی دوسری اہم صفت جو ان کی انفرادیت کی ضامن ہے ان کا اسلوب ہے۔ یہ اسلوب افسانوی ہے کتابی نہیں۔ افسانوی سے مراد وہ زندگی جو افسانوں میں جھلکتی ہے۔ اس کا عکس الفاظ زبان‘ تشبیہوں اور استعاروں میں سمایا گیا ہے۔ میں اپنی اس رائے کا خطرہ مول لینے کو تیار ہوں کہ جتنے مختصر جملے بیگ احساس لکھتے ہیں اس کی کوئی مثال اردو کے افسانہ نگار کے یہاں نہیں ملے گی۔ ان کا ہر جملہ پانچ سات لفظوں پر مشتمل ہوتا ہے۔ ایسا یا تو زبان کا مبتدی کرسکتا ہے یا استاد جو سہل ممتنع پر قادر ہو۔ بیگ احساس کی زبان میں برجستگی ہے‘ سادگی ہے اور تازگی ہے۔ حیرت کی بات یہ ہے کہ اکثر وہ ایسے پیچیدہ مسائل‘ واقعات اور سچویشن کا ذکر کرتے ہیں جو زبان کی زیادہ پیچیدہ شکل کا متقاضی ہوتا ہے۔ لیکن بیگ احساس بڑی خوداعتمادی سے ان مرحلوں سے گزر جاتے ہیں اور اپنی زبان و بیان کے ایجاز واختصار اور سادگی پر آنچ آنے نہیں دیتے۔ بیگ احساس کا امتیازی وصف ان کی کہانیوں کا انوکھا پن اور اچھوتا پن ہے۔ تعجب کی بات یہ ہے کہ موضوعات انہوں نے گردوپیش کی اس دنیا سے لیے ہیں جو عبارت ہے فسادات کے بے جا تشدد‘ مسلم اقلیت پر توڑے گئے فرقہ پرست اکثریتی جماعتوں کے مظالم‘ سماج کی لائی ہوئی لعنتوں‘ سرمایہ ومحنت کی کشمکش اور تہذیبی اور معاشی طور پر زوال آمادہ مسلم معاشرے سے۔ خیر تاریخ کا عطیہ تو تمام فنکاروں کی مشترکہ میراث رہا‘ لیکن بیگ احساس نے ان سے جو کہانیاں تراشی ہیں ان میں ایک طباع اور طبع زاد ذہن کی منفرد کارفرمائی جھلکتی ہے۔ کہیں بوسیدگی اور پیش پا افتادگی کا احساس نہیں ہوتا۔ حالات چاہے اتنے دگرگوں ہوں انسانی برتاؤ چاہے اتنا حوصلہ شکن ہو ماضی کابوس حال پر انتشار اور مستقبل ناقابل پیش بینی اور غیر یقینی ہو بیگ احساس کلبیت اور قنوطیت کا شکار ہوئے بغیر انسانی تماشہ سے لطف اندوز ہوسکتے ہیں۔ لطف اندوزی کے بغیر تخلیقی فن ممکن نہیں ورنہ ٹریجیڈی آدمی کیسے لکھے گا اور کیوں کر پڑھے گا۔ مسلمانوں کے انحطاط وزوال وکسمپرسی کی کہانی سناتے ہوئے وہ بھلے کلبیت اور قنوطیت کے شکار نہ ہوں لیکن ایک گہرا غم جو ہڈیوں کو تک پگھلاتا ہے ان کے قلم کی روشنائی سے ٹپکنے لگتا ہے۔

بیگ احساس کا افسانہ ہے’’ کھائی‘‘۔ اس کا آغاز اس طرح ہوتا ہے۔’’برف کی سلوں کے درمیاں شوکت میاں کی نعش رکھی تھی۔ پنکھا تیزی سے چل رہا تھا۔ برف کے پگھلنے سے پانی کی بوندیں فرش پر گر رہی تھیں۔ قرآن کی تلاوت کرتے ہوئے کفایت علی نے اپنے باپ کی نعش کی طرف دیکھا۔ وہ فیصلہ نہیں کرسکا کہ اسے اپنے باپ کے مرنے کا افسوس بھی ہے یا نہیں۔ اتنا ضرور ہے کہ وہ آزادی محسوس کررہا تھا جیسے قید سے رہائی ملی ہے۔ اس شخص کی موجودگی میں اسے اپنا وجود نظر ہی نہیں آتا تھا۔‘‘

اس مختصر افسانہ میں تین نسلوں کی کہانی ہے۔ شوکت علی جن میں جاگیردارانہ نظام کے خاتمے کے بعد کردار کا زوال جھلکتا ہے۔ شوکت علی اپنی جاگیردارانہ نخوت شان وشوکت اور عیاشیوں اور زبان کے چٹخاروں میں کسی قسم کی کمی اور تخفیف کو روا نہیں رکھتے اس لیے خاندان کی دیکھ ریکھ سے بے پروا اپنی زندگی گزارتے ہیں اور خاندان کا استحصال کرتے ہیں۔ گھر والے روکھی سوکھی کھاتے ہیں لیکن شوکت میاں کے لیے چکنے چپڑے اور مرغن کھانے تیار ہوتے ہیں۔

افسانہ کا دوسرا اہم اور کلیدی کردار ہے شوکت علی کا بیٹا کفایت علی جو افسانہ کے آغاز میں برف کی سلوں میں رکھی ہوئی شوکت میاں کی نعش کے قریب بیٹھا ہوا قرآن خوانی کررہا ہے۔ لیکن فیصلہ نہیں کرپاتا ہے کہ اسے اپنے باپ کے مرنے کا افسوس بھی ہے یا نہیں۔ شوکت‘ کفایت اور کفایت کے بیٹے کا نام شہزادہ تمثیلی نام نہیں ہیں ان کے ناموں سے کردار کی شناخت ہوتی ہے۔ شوکت میں جاگیردارانہ دبدبہ ہے تو کفایت میں وہ سوجھ بوجھ کفایت شعاری‘ محنت نپی اڑان اور سادگی میں گزر بسر کرنے کا سلیقہ جو ایک متمول جاگیرداری خاندان کے زوال کے بعد اس کے افراد خاندان کو دکھ اور تباہی سے بچاتا ہے۔ معمولی کپڑے‘ معمولی سائیکل اور معمولی ملازمت جو اس کے جاگیردار باپ کو ایک اہلکار کی زندگی نظر آتی ہے۔ اسی معمولی زندگی کے ذریعے وہ اپنے افراد خاندان کی کفالت کرتا ہے۔ بڑی محنت سے وہ اپنے گھر کا خرچ چلاتا ہے‘ ایک اچھی قبول صورت خاندانی لڑکی سے شادی کرتا ہے جس سے اسے ایک لڑکا پیدا ہوتا ہے۔ جس کا نام وہ شہزادہ رکھتا ہے۔ یہ نام بھی تمثیلی ہے کیوں کہ اسم بامسمّی ہے۔ شہزادہ اسکول میں اچھا چلتا ہے پھر بہت سے امتحانوں میں فیل ہوجاتا ہے۔ خلیجی ملک میں ہجرت کرتا ہے پھر لاکھوں میں کھیلتا ہے۔ پتہ نہیں کیا کرتا ہے لاکھوں میں کھیلتا ہے۔ شہزادہ دور جدید کا صارفی اور مادہ پرست تمدن کا‘ صرف دولت کی شان وشوکت پر جینے والا نوجوان ہے۔ پتہ نہیں اتنی دولت اس کے پاس کہاں سے آئی ہے اور یہ بھی پتہ نہیں چلتا کہ وہ اسے اس بے دریغ طریقہ پر کہاں کہاں خرچ کرتا ہے۔ شہزادہ اپنے دادا کی طرح سے دورِ جدید کا جاگیردار ہے۔

دادا اور پوتے کے بیچ کفایت علی واحد آدمی ہے جو اپنے رہن سہن اور طور طریقوں سے ٹھنڈے دل سے فکر وعمل اور عقل عامہ اور عقل خصوصیہ کا استعمال کرکے ایسے پرانتشار دور میں جینے کی راہ نکال لیتا ہے۔ قبرستان میں باپ کی قبر تیار ہوگئی ہے لیکن شہزادہ آکر ایک بڑے اور قیمتی قبرستان میں دادا کے لیے قبر بناتا ہے۔ پہلے قبر والے جب آکر پیسہ مانگتے ہیں تو کفایت کہتا ہے مزدوری کے پیسے لے لو۔ اسی پر جھگڑا ہوتا ہے۔ شہزادہ اپنے سسرال والوں کے ساتھ اندر کمرے میں بیٹھا ہوا مرحوم کے اوصاف بیان کررہا تھا شور سن کر باہر آتا ہے اور معاملے کو جان کر پوچھتا ہے کتنے پیسے ہوئے۔ کفایت علی کہتا ہے صرف مزدوری کے پیسے دینا۔ شہزادہ کہتا ہے بابا گھر رشتہ داروں اور مہمانوں سے بھرا پڑا ہے اور آپ ایک معمولی سی بات پر الجھ رہے ہیں۔ کفایت علی کہتے ہیں بیٹا تم میری بات سنو تم سارے پیسے کیوں دے رہے ہو آخر وہ قبر ہمارے کس کام آئے گی شہزادہ جھلا کر کہتا ہے’’ آپ کے کام آئے گی‘‘

اس طرح دفن ہوئی ہیں اعلیٰ اخلاق اور انسانی قدریں۔ استحصالی اور عیاشیانہ جاگیرداری دور کے بعد آیا نو دولتیوں کا فضول خرچ صارفی زمانہ۔ جہاں دولت پانی کی طرح بہائی جاتی ہے جہاں دولت نہیں ہے زندگی آزمایش ہے۔ آدمی کا کردار تو آزمایشوں سے گزرنے کے بعد ہی بنتا ہے۔ دولت کی فراوانی عیاشی ہے یا عیاری۔ نہ تو شوکت علی کے پاس کوئی شوکت ہے نہ شہزادہ کے پاس کوئی ریاست۔ سب دکھاوا ہے۔ دکھاوا اور ڈھکوسلہ ہے۔ کفایت علی کے پاس کفایت ہے ایک وہی کھرا آدمی ہے۔ ایک ایسا آدمی جو زر پرستوں کی سفاک دنیا میں اپنے کردار کی مضبوطی سالمیت کے ذریعے ان طوفانوں سے گزرتا ہے۔ جو آدمی کی قسمت کو ریزہ ریزہ کرنے اور بکھرنے کے لیے کنزیومر سوسائٹی نے پیدا کیے ہیں۔

’’سانسوں کے درمیان‘‘ بیگ احساس کا ایک اور افسانہ ہے جس میں بہت سے عصری مسائل کا احاطہ کیا گیا ہے۔ مثلاً جدید سرمایہ داری نے ماس میڈیا کا استعمال کرکے عام لوگوں کو بھی ایسی ترغیبات کا شکار بنایا ہے کہ آدمی اپنی چادر جتنے پاؤں پھیلانے کا اہل نہیں رہا۔ یہ کردار کی شکست ہے۔ سانسوں کے درمیان جو افسانہ پھیلتا ہے وہ انہی ترغیبات کا پیدا کردہ ہے۔ ایک طرف باپ ہے جو کوما میں چلا گیا ہے اور اس کی سانس کی آوازیں ہیں۔ اسے اس کے بیٹے نے جو خلیج میں دولت مند بنا ہوا ہے شہر کے بہترین ہسپتال میں داخل کرایا ہے جہاں کا اسپیشل روم فائیو اسٹار روم جیسا ہے۔ باپ کی خدمت کے لیے وہ بیٹا ہے جو حیدرآباد میں تنگ دستی کی زندگی گزار رہا ہے۔ لیکن ابھی اس کی جیب باہر سے تیمارداری کے لیے آئے ہوئے نوٹوں سے گرم ہے۔ وہ اپنے بچوں کو قیمتی کپڑے دلاتا ہے اور بچے بھی لالچی اور ترغیبات کے شکار ہیں۔ وہ اپنی بیوی کو بھی ہسپتال بلاتا ہے اور اس کے ساتھ کمرے سے ملحق خوبصورت حمام میں نہاتا ہے اور اختلاط کرتا ہے اور اس طرح پردہ سیمیں پر دیکھی ہوئی تصویروں کو اپنے لیے حقیقی بناتا ہے۔ ایک طرف باپ کی سانسیں ہیں اور دوسری طرف محو اختلاط ان میاں بیوی کے سانسیں۔ جنسی انبساط اچھے کھانے‘ اچھے کپڑے موت کے تاریک سایوں میں اپنا رنگ بکھیرتے ہیں۔ حرص وہوس نا کی‘ دکھاوا اور مرتے ہوئے

باپ کی طرف سے مکمل بے اعتنائی سماجی شخصیت اور کردار کے ایسے بدنما زوال کی علامت ہے جوسوائے نفرت اور کدورت کے کوئی جذبہ پیدا نہیں کرتے۔ دور جدید کا سب سے بڑاالمیہ یہ ہے کہ اس نے آدمی سے MODEST LIVING کا امکان چھین لیا ہے۔ کم پیسوں میں بھی محبت سے لبریز پروقار اور کسی حد تک خوش گوار زندگی کا کوئی قرینہ نہیں بچا ہے۔ ایک بیٹا خلیج میں کمایا ہوا روپیہ خرچ کر کے باپ کی طرف اپنی ذمہ داری سے سبکدوش ہو جاتا ہے دوسرا باپ کی طرف کوئی بھی جذبہ محسوس کیے بغیر اس پیسے سے اپنی تشنہ تمناؤں کی سیرابی کا سامان کرتا ہے۔ موت' دولت' جنس کے اچھلتے ہوئے رنگ ہیں۔ تقدس' احترام' محبت' خود اطمینانی' قلندری اور سربلندی کا کوئی شائبہ تک نہیں۔ بیگ احساس نے بڑی معروضیت اور واقعیت پسندی سے یہ افسانہ لکھا ہے۔ طنز یہ صورت حال میں بھی لب ولہجہ تلخ ہونے نہیں پاتا۔

''نجات'' میں فرحان کی دیوانگی کا بہت ہی دلچسپ اور تجسس پیدا ہونے والا نقشہ پیش کیا گیا ہے۔ پری کیوشن کامپلکس لے کر پاگل پن کی حالت تک کا بیان بڑا نکتہ رس اور نفسیاتی صداقتوں کا حامل ہے۔ اس مطالعہ میں بیگ احساس کے مشاہدات بہت معتبر اور اثر انگیز ہیں۔ لگتا ہے انہوں نے اس قسم کے کرداروں کا قریب سے مطالعہ کیا ہے۔

فرحان خلیجی ریاست میں کام کرتا ہے۔ وہاں سے وہ غیر متوقع طور پر وقت سے پہلے ہی آ جاتا ہے۔ وہ شادی شدہ ہے۔ شائد نئی نئی شادی ہوئی ہے۔ چناں چہ اس کا دوست افسانہ کا واحد متکلم اس سے پوچھتا ہے۔ ''کیا عاشی کے بغیر رہنا مشکل تھا۔'' لیکن فرحان بتاتا ہے کہ انڈر ورلڈ والے پیچھے پڑ گئے تھے۔ جس کمپنی میں کام کرتا ہوں وہاں سارے ایک ہی علاقے کے ملازم ہیں۔ انہیں میری موجودگی کھل رہی تھی۔ یہ پرسیوکیوشن کامپلکس کی نشانی ہے۔ دیوانگی کا ابتدائی مرحلہ جس میں آدمی محسوس کرتا ہے کہ چند لوگ ہیں جو اس کے دشمن ہیں اور اس کے درپے آزار رہتے ہیں۔

فرحان کو اپنے اندر ایک باطنی طاقت کا بھی یقین تھا جو پاگل پن کی دوسری نشانی ہے۔ ''وہ اپنے اندر ایک روحانی طاقت محسوس کر رہا تھا ایسی طاقت جو آنے والے واقعات کی پیشن گوئی کر سکتی ہے۔ وہ کسی بھی عورت کو اپنے علم کے زور پر بستر پر بلا سکتا ہے اور جنسی تعلقات قائم کر سکتا ہے۔ میں نے اسے ڈانٹا کہ وہ بلو فلمیں دیکھنا چھوڑ دے اور جلد شادی کر لے۔ اس نے عاشی سے شادی کر لی۔ انجنیئر تھا ہاتھ پیر صورت شکل کا اچھا خاصا تھا۔ مذہبی خیالات تھے۔ بیرونی ملازمت تھی۔ نئے شہر میں بڑا سا مکان بنوالیا تھا۔ عاشی جیسی خوب صورت لڑکی کا ملنا کوئی عجب بات نہیں تھی۔ شادی کے بعد وہ صالح نوجوانوں کی طرح اپنی بیوی کے ساتھ کمرے میں بند ہو گیا۔ خلیجی ریاست سے جب وہ ایک مہینے میں واپس آیا تو میں نے سوچا عاشی کی محبت میں چلا آیا ہو گا لیکن اس وقت اس نے عاشی کے ساتھ زیادہ وقت نہیں گزارا۔ وہ مختلف دوستوں اور رشتے داروں سے ملتا رہا۔ کسی کی موت کی پیشن گوئی کر دی' کبھی دعوتوں پر بے جا اسراف پر تقریر ہوئی' کبھی مسلمانوں کی پستی اور انتشار کے اسباب بیان کرنے لگا۔ اکثر اپنے بھائی سے الجھتا رہتا کہ اس نے مکان کی تعمیر ٹھیک سے نہیں کی۔''

یہ سب علامات ہیں جنون کی طرف کھسکنے کے اس کا کسی کو احساس نہیں ہوتا۔

پاگل پن کا سخت دورہ اس وقت پڑتا ہے جب وہ بے ہوش ہو جاتا ہے۔ عاشی اس کی بہت خدمت کرتی ہے۔ ایک رات وہ چیخ چیخ کر کہہ رہا تھا کہ وہ عاشی کے ساتھ نہیں رہ سکتا۔ عاشی کے ساتھ محلے کے لوگ ناجائز تعلقات قائم کرنے آتے ہیں یہ مکمل Manic condition ہے۔ اس حالت میں وہ عاشی پر الزام لگاتا ہے کہ وہ دوسروں کے ساتھ پیشہ کرتی ہے۔ یہ مکمل پاگل پن ہے۔ لیکن دوسرے لوگ سوچتے ہیں یہ محض ناٹک ہے عاشی سے نجات پانے کا۔ عاشی تمام الزامات کے باوجود فرحان سے چمٹی رہتی ہے۔ اس کی خدمت کرتی ہے۔

پھر یکا یک فرحان اچھا ہو گیا۔ وہ پابندی سے علاج کرا رہا تھا۔ اسے پچھلا کچھ بھی یاد نہیں تھا۔ دماغ کی سلیٹ بالکل صاف تھی۔

واحد متکلم کو عاشی کا فون آیا۔ ''میں نے فیصلہ کر لیا ہے کہ فرحان کے ساتھ نہیں رہوں گی۔''

''کیوں؟'' واحد متکلم اچھل پڑا۔ ''کیسے نازک وقت میں ساتھ دیا اس کا جان کی تک پروا نہیں کی۔''

اب عاشی کا جواب دیکھنے کے قابل ہے۔

''میں آپ کو کیسے بتاؤں۔ میں تو ویسی ہی رہ گئی۔ پہلے نفرت اور دیوانگی کی وجہ سے دور رہتے تھے۔ اب شرمندگی اور احسان مندی کی وجہ سے دور رہتے ہیں۔ میں اس عذاب سے انہیں نجات دلانا چاہتی ہوں۔''

''سنگ گراں'' میں لڑکے اور لڑکی نے شادی تو کر لی تھی لیکن ان کا اپنا کوئی گھر نہیں تھا۔ دن کو وہ ملتے ہیں لیکن رات کو وہ لڑکی کو اس کے گھر چھوڑ جاتا ہے۔ لڑکی حاملہ ہو گئی اور اس کی ناف میں سے ممی ممی کی آوازیں آئیں۔ یہ ممکن ہے کہ لڑکی کا وہم ہو لیکن لڑکی مامتا سے بھر گئی تھی۔ لڑکا چاہتا تھا حمل گرا دیا جائے۔ ''کیسے ہوگا یہ سب کچھ۔ ہمارا کوئی گھر نہیں ہے۔ دو ایک دوستوں کے علاوہ ہماری شادی کے بارے میں کوئی نہیں جانتا۔ ہم مالی اعتبار سے بھی اتنے مضبوط نہیں ہیں کہ فوراً کوئی انتظام ہو سکے۔ تمہاری دیکھ بھال۔ ملازمت۔ پھر تمہاری ممی تو گھر سے نکال باہر کر دیں گی۔۔۔ کیسے ہوگا۔''

تو بالآخر لڑکی نے حمل گرا دینے کا فیصلہ کیا۔ وہ لیڈی ڈاکٹر سے ملی۔ سب کچھ طے ہو گیا۔ لیکن اس کی مامتا اس کام کے خلاف تھی۔ ایک نظر سے دیکھیں تو افسانہ مامتا ہی کا ہے اور افسانہ میں مامتا کا جذبہ بہت شدت سے ابھر آیا ہے۔ لیکن اسقاط تو آخری عمل ہے۔ اس کے بعد کچھ کرنے کو رہتا ہی نہیں تو افسانہ نگار بھی کیا کرے۔ افسانہ نگاری چھوڑ کر وہ شاعری کرنے لگتا ہے۔ بالکل کرشن

چندر کے پورے چاند کی رات کی مانند۔ پورے چاند کی رات میں ہیرو ایک غلط فہمی کی بنا پر پوری رومانی محبت کا خاتمہ کر دیتا ہے اور محبوبہ کو چھوڑ کر چلا جاتا ہے اور برسوں کے بعد جب اپنے جوان بچوں کے ساتھ لوٹتا ہے تو یہ کشمیری محبوبہ بھی جوان بچوں کی ماں بن چکی ہے۔ اب کرشن چندر کے پاس زندگی ہر صورت جاری رہتی ہے اور تسلسل حیات کے لچر فلسفے پر شاعری بگھارنے کے سوا کیا رہ جاتا ہے۔ یہی حال بیگ احساس کا ہے جنہوں نے کرشن چندر پر پی ایچ ڈی کی ظاہر ہے ڈاکٹریٹ کے کلینک میں کچھ جراثیم ادھر سے تو ادھر ہوتے رہتے ہیں۔ چنانچہ وہ نیل پالش جو افسانہ کا بہت دلچسپ موٹف ہے کے حوالے سے لکھتے ہیں۔ نیل پالش کا سرخ رنگ تازہ تازہ خون جیسا' لیکن یہ خون اس بچے کا تھوڑا ہی ہے۔ اسے تو کنویں میں ڈھکیل دیا گیا ہے۔ اس نے خود کنویں سے آتی آواز سنی ہے۔ وہ محفوظ ہے۔ کوئی قافلہ ادھر سے گذرے گا تو اسے باہر نکالے گا۔ پھر اس کا نیلام ہوگا۔ اس کی خوب صورتی اسے بادشاہ تک پہنچائے گی۔ پھر اس کی وجاہت نازک انگلیوں کو زخمی کرے گی۔ پھر وہ سات مقفل دروازوں کی پرواہ کئے بغیر بھاگے گا تو دروازے خود بہ خود کھل جائیں گے۔ پھر وہ قید خانے سے معبّر بن کر نکلے گا۔

یہ شاعری ہے اور اسطور کا ٹچ ہونے کی وجہ سے جدید شاعری ہے' اور صرف خراب شاعری ہوتی تو کوئی بات نہیں تھی۔ وہ افسانہ کو بھی خراب کرتی ہے۔ تلخ حقیقت پسند افسانہ ایسا تلخ انجام چاہتا ہے جس کی تلخی زندگی بھر زبان پر قائم ہو۔ مثلاً بیدی کے افسانہ ''گرہن'' کا انجام ایک حرکی امیج کی صورت ہم جب تک زندہ ہیں ہمیں HAUNT ہانٹ کرتا رہے گا۔ موپاساں کے افسانہ ''ہیروں کا ہار'' کے متعلق سامرسٹ مائم نے لکھا ہے کہ ہار کھو گیا ہے تو وہ اپنے پڑوسیوں سے جا کر کہہ سکتے تھے۔ لیکن موپاساں کو تو ایک تاثیر پیدا کرنا تھا رائگانی حیات کا۔ مانگا ہوا ہار کھو گیا تو ایسا ہی ہار لوٹانے کے لیے ایک خوب صورت عورت اپنی پوری جوانی اور حسن اور ایک تنومند مرد اپنی صحت دن رات کی محنت میں برباد کر دیتے ہیں۔ جب پیسے جمع ہو جاتے ہیں تو وہ کہتے ہیں یہ تو جھوٹے ہیروں کا ہار تھا۔ آپ نے خواہ مخواہ اتنی محنت کی۔ قاری کو یہاں سب سے بڑا دھچکا رائگانی حیات کا پہنچتا ہے۔ جو حسن و شباب برباد کر دیا اس کی بازیافت کیسے ممکن ہے۔ افسانہ کا انجام یہاں افسانوی ہے شاعرانہ نہیں۔ اعلیٰ سے اعلیٰ نثر میں شاعرانہ انشاپردازی کسی بھی نوع رائگانی حیات کا نعم البدل نہیں ہوسکتی۔

لیکن مذکورہ افسانہ میں بیگ احساس نے تھیم ہی ایسی پسند کی تھی کہ اس کا انجام تو انہیں بھگتنا ہی تھا۔ اسی لیے افسانہ کا انجام کیسا ہو یہ بھی فکشن کی تنقید کا ایک مہتم بالشان موضوع رہا ہے۔

آپ کچھ بھی کیجئے افسانہ میں انجام کو بہر حال اگر چونکا دینے والا نہیں تو بھی معنی خیز تو ہوگا۔ جان اپڈائک نے کہا ہے کہ افسانہ کا انجام تو پاؤں کے تلے کی ENLARGED تصویر کے مانند ہونا چاہیے۔ خیر ایسا تند و تیز انجام تو سوائے منٹو کے بہت کم افسانہ نگاروں کے یہاں ملے گا۔ لیکن انجام کی ایک دلچسپ مثال بیگ احساس کا افسانہ دھار ہے۔

''دھار'' میں ایک مختصر افسانہ ہونے کے باوصف قومی اور بین الاقوامی سطح پر درپیش مسلمانوں کے اتنے سارے مسائل کو اپنے گھیرے میں لیا ہے کہ لگتا ہے کہ دور جدید کی پوری اسلامی سمسیا ان کی گرفت میں آگئی ہے۔ اس سمسیا سے میں بہت بچنے کی کوشش کر رہا ہوں کیوں کہ بیگ احساس نے اس کے جو کچھ پہلو پیش کیے ہیں ان پر میں اپنے طور پر لکھنا شروع کروں تو عصری تاریخ پر مبنی ایک ضخیم مضمون تیار ہو جائے۔ اس افسانے میں مسائل قومی سے لیکر بین الاقوامی سطح تک پھیلے ہوئے ہیں۔ اللہ بیگ احساس کی اجمال نگاری کی نگہداشت کرے۔ وہ چند لفظوں میں کتنے مسائل اور واقعات کو بیان کر دیتے ہیں۔ ''دھار'' میں معاملہ داڑھی اور شیونگ کٹ کا ہے۔ مرکزی کردار جو ایک پینے پلانے والا روشن خیال زندہ دل آدمی ہے اسے مخلوط کالونی چھوڑ کر مسلمانوں کے گھٹیا علاقے میں آکر رہنا پڑتا ہے۔ وہ رہتا ہے اور شام کو دوستوں کے وہاں جا کر شغل کرتا ہے اور گھیٹوں کی آبادی سے اس کا کوئی بہت ربط ضبط نہیں' نہ ہی گرد و پیش کے لوگوں کے ساتھ علیک سلیک ہے۔

لیکن اس کا بیٹا صوم و صلاۃ کا پابند اور گھنی داڑھی والا ایک نوجوان ہے جو مغربی ملک میں ملازمت کے لیے جاتا ہے لیکن داڑھی کی وجہ سے وہ کوئی دہشت پسند تنظیم کا آدمی نظر آتا ہے اس لیے مسترد کر دیا جاتا ہے۔ ایک روز باپ کا شیونگ کٹ غائب ہو جاتا ہے۔ لڑکا آتا ہے اور کٹ پیش کرتا ہے۔ اب وہ بالکل کلین شیو ہے اور نیا پاسپورٹ بنوانے کی پیروی میں ہے۔ باپ کہتا ہے اب یہ کٹ تمہارے پاس ہی رکھو۔ باپ کی داڑھی بڑھ چکی ہے لیکن کیا مضائقہ ہے؟ اور بھی بڑھ سکتی ہے کچھ اور بھی تبدیلیاں آسکتی ہیں۔

اب دوسرا پاسپورٹ کیسے بنے گا۔ لڑکا کہتا ہے پیسوں سے سب کچھ بن جاتا ہے۔ گویا لڑکا جعلی پاسپورٹ پر بیرون ملک جائے گا۔ صوم و صلاۃ کی پابندی' ایمانداری اور داڑھی کے ساتھ وہ داخل نہیں ہوا اب بغیر داڑھی کے جعلی پاسپورٹ پر داخل ہو جائے گا اور باپ کو اب شیونگ کٹ کی ضرورت نہیں۔ کیا وہ دوسرا خرید لے گا یا داڑھی بڑھا لے گا اور داڑھی بڑھ گئی تو شراب نوشی ترک کر دے گا؟ نماز روزے کا پابند ہو جائے گا؟ کچھ بھی ہوسکتا ہے' اس دنیا میں سب کچھ ہوسکتا ہے۔ انجام یہاں امکانات سے بھرا ہوا ہے۔

یہ چند افسانے بیگ احساس کے بدلے ہوئے احساس' ایک نئے فنکارانہ رویہ اور عصری مسائل کی پیش کش کے ایک نئے اور تازگی بھرے طریقے کار کی نمائندگی کرتے ہیں۔ افسانہ کا آرٹ فنکار سے زبردست DEDICATION کا طالب ہوتا ہے۔ یہ جز وقتی نہیں کل وقتی سرگرمی ہے۔ اگر بیگ احساس اسی طرح افسانوں کی نئی تھیم تلاش کرتے رہے اور نئے زمانہ نے جو انوکھے مسائل پیدا کیے ہیں انہیں وہ افسانوں میں ڈھالتے رہے تو مستقبل کے وہ ایک اہم اور منفرد افسانہ نگار کی صورت میں سامنے آئیں گے۔

افسانہ نگاری کی انوکھی تدبیر

مرزا حامد بیگ
(لاہور)

بیگ احساس کے افسانوں کے تیسرے مجموعے: ''دَخمہ'' کے سارے کے سارے افسانے، افسانہ نگاری کی اس انوکھی تدبیر کاری کی عطا ہیں، جسے بیسویں صدی کے ساتویں دہے سے مخصوص جدیدیت کی تحریک کے رد میں اٹھنے والی آوازوں کا ردِّ عمل بھی قرار دیا جا سکتا ہے اور تخلیقی سطح پر جینے کا جتن بھی۔ وہ یوں کہ بیگ احساس کا تعلق بھی ستر ہی کے دہے سے ہے، لیکن وہ جدیدیت کی تحریک سے الگ تھلک رہے۔ نہ 'شب خون' الہ آباد میں دکھائی دیئے، نہ اوراق، لاہور میں لیکن انھیں صرف و محض سادہ بیانیہ کبھی نہیں بھایا۔ یہی سبب ہے کہ انھوں نے سیدھے سبھاؤ تشکیل دیئے گئے بیانیہ کے اندر پرت در پرت کئی ایک تہیں جما کر کامل علامتی، استعاراتی، کیوبسٹک اور تجریدی افسانہ لکھنے کی بجائے ایک ایسا تہہ دار بیانیہ تشکیل دیا، جس میں معنویت کی کئی ایک پرتیں دیکھنے کو ملتی ہیں۔

بیگ احساس کے اس جتن کو قدرے پیچھے ہٹ کر دیکھنا پڑے گا، جب ستر کے دہے میں میرے ہم راہی: رشید امجد، منشایاد، اسد محمد خاں، ظہور الحق شیخ، مظہر الاسلام، احمد داؤد، علی تنہا، ذکاء الرحمٰن پاکستان میں اور سلام بن رزاق، نیر مسعود، قمر احسن، انور قمر، علی امام اور عبدالصمد بھارت میں، علامتی، استعاراتی، اور تجریدی افسانہ لکھ رہے تھے۔ تب ترقی پسند تحریک کی نمائندہ آواز عصمت چغتائی نے استہزایہ: ''سانپ کے تلوے'' اور غیر وابستہ افسانہ نگاروں کے سرخیل ممتاز مفتی نے افسانہ: ''کٹ پیس'' لکھ کر ہم لوگوں کا مضحکہ اڑایا تھا۔ احمد ندیم قاسمی نے مجلّہ: ''فنون'' لاہور میں سیفٹی والو لگا رکھا تھا، علامت، استعارے اور تجرید پر اور ہمارے افسانوں کے مقابل انھیں تیسرے درجے کے سادہ بیانیہ افسانے مرغوب تھے۔ یہی کچھ نقوش، لاہور اور 'نیا دور' کراچی میں دیکھنے کو ملتا تھا۔ ہمارے افسانوں کی اگر پذیرائی ہوئی تو 'شب خون' الہٰ آباد، اوراق، لاہور، سیپ، کراچی اور نئی قدریں، حیدر آباد (سندھ) میں۔ یا پھر، جواز، مالی گاؤں، شاعر، ممبئی، تحریک، دہلی، اسلوب، سہسرام، تخلیقی ادب، کراچی اور جہات، سری نگر نے اردو افسانے میں تکنیکی تجربات کو کھلے دل سے قبول کیا۔ اس کے بعد ترقی پسند تحریک کے گریٹ ماسٹرز کے چیدہ کام اور پانچویں چھٹے دہوں کے افسانہ نگاروں کے انگلیوں پر گنے جا سکنے والے افسانوں ''چاپ'' (رام لعل) 'سائے اور ہمسائے' اور پرندہ پکڑ نے والی گاڑی، (غیاث احمد گدی)، بیلا نائی رے جولدی جولدی، اور ڈاب اور بیئر کی ٹھنڈی بوتل، (مسعود اشعر)، سوکھے ساون، اور پچھم سے چلی پُروا، (ضمیر الدین احمد)، کو چھوڑ کر جدید افسانہ اس دور کے بڑے بڑے ناموں کو کھا گیا۔ اکثر نے تو لکھنا ہی چھوڑ دیا۔ یہاں تک کہ وہ وقت بھی آیا جب جدید افسانے کے سب سے بڑے اعتراض کنندہ ممتاز مفتی نے ''چکٹ گاڑی، ہونکتا ہوٹر اور موم بتی'' کے عنوان سے پہلا علامتی اور تجریدی افسانہ قلم بند کیا، جو جدید ادب، خان پور کے افسانہ نمبر بابت فروری ۱۹۸۰ء میں رشید امجد، احمد داؤد اور میرے افسانوں کے ساتھ شائع ہوا۔ اس افسانے کے بعد انھوں نے ''چوہا'' اور ''روغنی پتلے'' کے عنوانات سے دو علامتی افسانے اور لکھے اسی طرح احمد ندیم قاسمی نے اپنا پہلا علامتی افسانہ ''پہاڑ'' کے عنوان سے لکھا جو ان کے آخری افسانوں میں سے ایک ہے۔ اشفاق احمد کے تین علامتی افسانے ''قصہ نل دمنتی''، ''بندر لوگ'' اور ''قصاص'' لکھے۔ رحمان مذنب کا ''خوشبودار عورتیں'' اور بانو قدسیہ کا ''انتر ہوت اداسی'' بھی اسی دور کی یادگار ہیں۔

مجھے سمجھ میں نہیں آتا کہ صرف و محض ناقدین سے ڈر کر تخلیق کار نئے امکانات سے ہاتھ کیسے روک لیتا ہے۔ بیسویں صدی کے آٹھویں دہے کے بعد ایسا کچھ بھی دیکھنے کو ملا، جب ڈاکٹر جمیل جالبی کا علامتی، استعاراتی اور تجریدی افسانے کے خلاف ''اوراق'' لاہور میں شائع شدہ واحد مضمون شائع ہوا، جس میں ابلاغ کے عنقا ہو جانے کا دکھڑا اس شد و مد کے ساتھ رویا گیا کہ افسانہ بھوسے کا ڈھیر ہو کر رہ گیا۔ کثیر العباد افسانے کی جگہ سیدھی سادہ کہانی سے مخصوص یک سطحی سادہ بیانیہ نے لے لی۔ جب کہ آٹھویں دہے سے متعلق ایک استثنائی مثال سید محمد اشرف (افسانوی مجموعہ ''بادِ صبا کا انتظار'') کی ہے۔ سبحان اللہ! کیا افسانے لکھے انھوں نے کہانی پن کی جستجو میں دُبلے ہو جانے والے افسانہ نگار، جید ناقدین کو لبھانے کی خاطر یک سطحی سادہ بیانہ لکھ رہے ہیں اور نہیں جانتے کہ انھیں صرف و محض زبانی شاباشی ہی میسر آئے گی اس لیے کہ کوئی بھی ناقد بھوسے کے ڈھیر پر مہر تصدیق کرے تو کیسے؟

بیگ احساس کے افسانوں پر بات کرنے سے پہلے یہ چند معروضات اس لیے بھی ضروری خیال کیں کہ ساتویں دہے میں اپنے عروج کو پہنچ جانے والی جدیدیت کی تحریک اور بیسویں صدی کے آٹھویں دہے کے وسط تا حال اسے رد کرنے والے پینتیس سالہ دورانیے کے تجزیہ میں آسانی رہے۔

بیگ احساس کا تعلق بھی میری طرح اسی مقہور و مردود ستر کی دہائی سے ہے، جس میں جدید افسانہ نگار بھارت کے فیروز عابد، مظہر الزماں خاں، حسین الحق، شوکت حیات، حمید سہروردی، انور خاں، انجم عثمانی اور شفق بھی متحرک دیکھے گئے، نیز اکرام باگ تھے، جنھوں نے کیوبسٹک طرز کو اپنایا اور یکسر نا کام رہے۔ فرق صرف اتنا ہے کہ بیگ احساس نے پانچ، چھے برس بعد افسانہ نگاری شروع کی اور اپنے لیے علامت، استعارہ اور تجرید کی بجائے کچھ الگ بطور Tool کے برتا، وہ ''الگ'' کیا تھا، اس پر بھی بات کرتے ہیں لیکن پہلے ایک اعتراف، اور وہ یہ کہ میں اس مجموعے میں شامل افسانے ''رنگ کا سایہ''، ''دَخمہ''، ''نمی دانم کہ''، ''دھار'' پڑھ کر یکسر حیران رہ گیا اور بارہا افسوس کیا کہ بیگ احساس کے افسانے اس وقت میری نظر سے کیوں نہ گزرے، جب میں ''افسانے کا منظر نامہ'' (طبع اول ۱۹۸۱ء) پر ۱۹۷۵ء تا ۱۹۷۷ء

کام کر رہا تھا۔ بیگ احساس، بلاشبہ ایک قابل توجہ افسانہ نگار ہیں۔ ان کے افسانوں پر ایک سرسری نظر بھی ڈالی جائے تو بھی ان کے افسانوں سے مخصوص جداگانہ ٹریٹمنٹ اور عہد موجود سے متعلق گہرا ادراک اور فراست کا ایک ایسا تال میل دکھائی دے گا، جس کے درج ذیل زمرے بنائے جاسکتے ہیں۔

۱) ماضی سے حال اور لمحہ موجود سے ماضی قریب اور ماضی بعید میں اُتر جانے کا عمل، افسانہ ''دَخمہ''، ''رنگ کا سایہ''، ''کھائی'' اور ''سنگ گراں''

۲) پرانی اور نئی نسل کا ٹکراؤ کئی ایک سطحوں پر دیکھنے کو ملتا ہے۔ آزاد خیالی اور مذہبی جنونیت، نیز تہذیبی اقدار سے جڑت اور بے گانگی آپس میں ٹکراتے اور ٹوٹ کر شہاب ثاقب کی طرح جلتے بجھتے دکھائی دیتے ہیں جس کی نمایاں امثال ''دَخمہ''، ''رنگ کا سایہ''، ''نمی دانم کہ'' اور ''دھار'' جیسے افسانے میں۔

۳) سب سے بڑا ٹکراؤ حیدرآباد (دکن) کے مسلم گھرانوں کے احساس تفاخر اور عصر نو کی نوجوان نسل کی معاشی الجھنوں سے پیدا شدہ سوچ کے بیچ ہے۔ (مثال: کھائی) اسی طرح ان کے شاہکار افسانے ''رنگ کا سایہ'' کا نوجوان مرکزی کردار اسی ٹکراؤ کے سبب ڈانواں ڈول ہے۔ جائے تو کدھر جائے۔

دیکھیے، ہر قابل توجہ قلم کار کی ایک اپنی تخلیقی شخصیت ہوتی ہے، جو اس کی تخلیقات میں جھلکتی ہے۔ کبھی واشگاف اور بعض اوقات پس پردہ۔ یہ دیکھا دیکھی کا عمل نہیں۔ اب بات کو ستر ہی کی دہے کے چند افسانہ نگاروں کی امثال سے واضح کر دوں۔ رشید امجد نے علامت نگاری تو کی، لیکن انھوں نے جس نوع کا تشبیہاتی انداز اپنے تجریدی افسانوں میں برتا، اس کا پرتو ہمیں منشا یاد، حمید سہروردی، اعجاز راہی، طاہر نقوی اور احمد داود کے ہاں بھی دیکھنے کو ملا۔ منشا یاد اور احمد داود نے اس سے کنارہ کر کے ہی اپنی اپنی شناخت وضع کی، جب کہ دیگر افسانہ نگاروں کو اس کا احساس تک نہ ہوا۔ نتیجہ ظاہر ہے۔

بیگ احساس، اپنے ہر افسانے میں اپنے علاقائی حوالوں اور نسبتوں کے ساتھ موجود دکھائی دیتے ہیں۔ ان کے علاقائی حوالے حیدرآباد (دکن) سے متعلق سبھی قلم کاروں سے جداگانہ ہیں ماسوائے مکالماتی سطح پر اور نسبتیں، حیدرآبادی انگ کے۔ بول چال کی سطح پر یہ انگ تو نہیں بدلے گا، جیسے مغربی پنجاب سے مخصوص لہجہ، جو احمد ندیم قاسمی، غلام الثقلین نقوی اور منشا یاد کے ہاں یکساں ہے اور مشرقی پنجاب کا لہجہ، جو راجندر سنگھ بیدی، بلونت سنگھ اور رتن سنگھ کے ہاں یکساں ہے۔

بیگ احساس کی اصلی طاقت وہ علاقائی حوالے اور نسبتیں ہیں، جنھوں نے انھیں جدیدیت کی تندی سے بھی دور رکھا اور اکھرے بے رس بیانیہ سے بھی۔

مجموعہ ''دَخمہ'' میں شامل ہر ایک افسانے میں کچھ نہ کچھ ایسا ضرور ہے جو 'خاص' ہے۔ جس کا تعلق ہمارے تہذیبی مطلعے سے بھی ہے اور اکیسویں صدی کی کروٹیں لیتی زندگی سے بھی۔ ان افسانوں میں موجود گہری فراست، کسی نہ کسی معمول کی بات کے اندر سے پھوٹتی ہے اور پھر رفتہ رفتہ پھیل کر اس معمول کی بات کے گرد ایک ہالہ سا بن دیتی ہے۔ یہ خود رو عمل اندر ہی اندر، نامحسوس طور پر ہوتا ہے اور یوں معمول کی بات، غیر معمولی اور بالآخر بے مثل بن جاتی ہے۔ جیسے افسانہ ''دَخمہ'' میں آزادی (۱۹۴۷ء) کے بعد بڑھتی ہوئی مذہبی لہر کیا اٹھی، ایک پارسی سہراب کا پشتینی میکدہ (MAI KADA Est.1904ء) مسجد سے ہمسائیگی کے سبب بند ہو گیا۔ یہ فی زمانہ ایک معمول کی بات ہے۔ لیکن کیا سہراب کی موت کا یہی سبب تھا یا کچھ اور؟ پھر یہ کہ کسی بھی ذی روح کی موت ایک معمول کی بات ہے۔ غیر معمولی اس وقت بنی جب پتا چلا کہ میکدہ ۱۹۰۴ء میں قائم ہوا تو اس کے برابر میں مسجد تھی۔ تادیر دونوں موجود رہے۔ اب میکدہ بند ہو گیا۔ کیوں؟ مسجد تو پہلے بھی تھی۔ یہ پہلے کیوں نا بند ہوا۔ وقت نے کروٹ لی۔ لوگوں میں رواداری ختم ہو گئی۔ سہراب کے پاس اللہ کا دیا بہت ہے۔ میکدے کے بند ہو جانے سے اسے کوئی فرق نہیں پڑتا۔ تو کیا رواداری کا ختم ہو جانا اس کی موت کا سبب بنا؟ جب یہ سوال اٹھا تو بات کہیں سے کہیں پہنچ گئی۔ پارسیوں کی نسل تو یوں بھی ختم ہوتی جا رہی تھی۔ کیا اسی مرحلے پر میکدہ بند کروا دینا ضروری تھا؟ یہ سوال اسی تہذیبی رواداری کی کوکھ سے جنم لے سکتا ہے، جو کبھی تھی اور اب نہیں رہی۔

دَخمہ گاتھی (Gothic) طرز تعمیر کا افسانہ ہے، جس میں عقائد، رسومات، روایات، تاریخ، سیاست اور انسانی روابط کے متعلقات کی محرابیں اک دوجے میں پیوست ہیں۔ اس افسانے میں جس فراست کے ساتھ حیدرآباد میں ملوکیت کے خلاف چلنے والی کمیونسٹوں کی تلنگانہ تحریک اور آزادی (۱۹۴۷ء) کے بعد پولیس ایکشن، نیز زبان کی بنیاد پر ریاستی حد بندیوں کا حوالہ دیکھنے کو ملتا ہے، اس طرح تو ابراہیم جلیس کی لانگ فکشن: ''دو ملک، ایک کہانی'' میں بھی دیکھنے کو نہ ملا:

''پولیس ایکشن نے مسلمانوں کو حواس باختہ کر دیا تھا۔ مذہب کے نام پر ملک کی تقسیم سے پوری قوم سنبھلی بھی نہ تھی کہ زبان کی بنیاد پر ریاستوں کی نئی حد بندیاں کی گئیں۔ ریاست کے تین ٹکڑے کر دیئے گئے۔ برسوں گزر جانے کے بعد بھی دوسری ریاستوں سے جڑے یہ ٹکڑے ان کا حصہ نہ بن سکے۔ اپنی مستحکم تہذیب کی بنیاد پر ریاست کے یہ حصے ٹاٹ میں مخمل کے پیوند لگتے تھے۔

جس شہر کی تاریخ نہیں ہوتی اس کی تہذیب بھی نہیں ہوتی۔ نئے آنے والوں کی کوئی تاریخ تھی نہ تہذیب ایک مستحکم حکومت کا دارالخلافہ سیاسی جبر کی وجہ سے ان کے ہاتھوں میں آ گیا۔ وہ پاگلوں کی طرح خالی زمینوں پر آباد ہو گئے۔

زمین بیچنا یہاں کی تہذیب کے خلاف تھا۔ شرما شرمی میں قیمتی زمینیں کوڑیوں کے مول فروخت کر دی گئیں۔ آنے والے زمینیں خرید خرید کر کروڑ پتی بن گئے۔

کسی کوٹھی میں صدر پٹہ خانہ آ گیا، کسی حویلی میں انجینئرنگ کا آفس، کسی حویلی میں اے جی آفس تو کسی حویلی میں بڑا ہوٹل کھل گیا۔ باغات کی جگہ بازار نے لے لی۔ لیڈی حیدری کلب پر سرکاری قبضہ ہو گیا۔ کنگ کوٹھی کے ایک

حصے میں سرکاری دواخانہ آگیا۔ جیل کی عمارت منہدم کر کے دواخانہ بنا دیا گیا۔ رومن طرز کی بنی ہوئی تھیٹر میں اب بہت بڑا مال کھل گیا تھا۔ حویلیاں، باغات، جھیلوں اور پختہ سڑکوں کے شہر کی جگہ دوسرے عام شہروں جیسا شہر ابھر رہا تھا جس کی کوئی شناخت نہ تھی۔"

پارسی گٹھ، کی تفصیل اور میت سے متعلق پارسی رسوم و رواج کی تفصیل بھی حیران کن ہے۔ افسانہ نگار، اپنے ہر افسانے میں اس نوع کی حیرانی بانٹتے چلے آئے ہیں لیکن طریقہ کار کے فرق کے ساتھ اس افسانے میں یہ کام شعور کی رو کو مہارت کے ساتھ برت کر کیا گیا۔ یوں ماضی اور حال اپنی تمام تر جزئیات کے ساتھ افسانے کا حصہ بنتے ہیں۔

"یہ دَخمہ ہے۔ اس کی چھت درمیان سے اونچی ہوتی ہے۔ چھت پر تین دائرے بنے ہیں۔ مرد کی نعش اندرونی دائرے میں، عورت کی درمیانی دائرے میں اور بچوں کی نعش اندرونی دائرے میں رکھی جاتی ہے تا کہ ان پر تیز دھوپ پڑے اور گدھوں کو دور سے نظر آجائے........ اسے سگ دید کہتے ہیں۔ چار آنکھوں والا کتا........ یہ سگ دید ہی آدمی کے نیک و بد ہونے کا کا فیصلہ کرتا ہے۔" "اور چاچا یہ گدھ کہاں سے آتے ہیں؟"، "اگر فرش پر چینی گر جائے تو چیونٹیاں کہاں سے آتی ہیں؟" چاچا نے سوال کیا اور اندر چلے گئے۔"

زمانے کس طرح کروٹ لے رہا ہے؟ اس کی تفصیل نہایت عمدگی سے اس دورانیے میں بیان کی گئی ہے، جب سہراب کے اعزاء اور چند ایک شناسا دَخمہ کے اندر سہراب کی آخری رسومات میں مصروف رہے۔

میکدے میں بیٹھنے والا ایک ساتھی، جو امریکہ جا بسا تھا، بیس برس بعد لوٹ کر آیا تو حد درجہ ناسٹالجک ہو گیا تھا۔ پارسی گٹھ کے اندر تعمیر کردہ دَخمہ کی چھت پر سے جب تک گدھ، سہراب کی برہنہ نعش کو نوچ کر لے جائیں، افسانہ نگار ہمیں افسانہ کے راوی اور اس کے امریکہ پلٹ دوست کے ہمراہ سہراب کے گھر لے گئے۔ یہ ماضی قریب کی بات ہے جو حال کے بے رحم لمحات سے آکر جڑ گئی ہے اور پارسی گٹھ میں سہراب کی آخری رسومات جاری ہیں۔ معلوم ہوا کہ حیدرآباد آکر بس جانے والے پارسی، سیکولر آصف جاہی سلطنت کے چرچے سن کر آئے تھے۔ یہاں انھیں خطابات سے نوازا گیا، نواب سہراب نواز جنگ، فرام جی جنگ، فریدون الملک، وہ شاہی دور تھا۔ آزادی ملی اور جمہوریت آئی تو اس رواداری کا خاتمہ ہوا۔ مسلمانوں کی شکایت پر میکدہ بند کر دیا گیا۔

پارسیوں کے گھٹ جانے کے سبب اب تو دَخمہ کی چھت پر گدھ بھی نہیں منڈلاتے۔ سہراب خوش نصیب تھا کہ جب اس کی برہنہ نعش دَخمہ پر رکھی گئی تو دور دور تک گدھوں کا نام و نشان نہ تھا، پر جانے کہاں سے گدھوں کا ایک جھنڈ دَخمہ کی طرف لپکا۔ بے شک، فرش پر چینی گر جائے تو چیونٹیاں آ ہی جاتی ہیں۔

افسانہ دَخمہ میں جس سوچ نے مسجد کی ہمسائیگی کے سبب میکدہ بند کروایا، وہی سوچ اب جنوبی ایشیاء کے مسلم گھرانوں کے دروازوں پر مہیب دستک بن گئی ہے۔ نائن الیون کو امریکن ٹریڈ سنٹر کی دو فلک بوس عمارات پر القاعدہ کے حملے نے عالمی معیشت، سیاست اور سوچ کے ڈھروں کو ایک نئی کروٹ دے دی۔ عراق اور افغانستان اتحادی افواج کا نشانہ بنے تو اس کا ردعمل بالخصوص سوات اور فاٹا (پاکستان) اور مجمل طور پر ایران میں بہت شدید تھا۔ ہندوستان جیسا سیکولر جمہوری ملک بھی اس کی تپش سے جھلسا۔ بابری مسجد کے سانحے کا ردعمل پاکستانی میں بہت شرمناک تھا۔ یوں تو ۱۹۴۷ء کے فسادات کے نتیجہ میں ہندوؤں اور سکھوں کے ہجرت کر جانے کے سبب پاکستان میں مندروں اور گوردواروں کو تالے پڑ گئے تھے، لیکن وہ زنگ آلود تالے بھی کہاں گوارا رہے۔ بڑی تعداد میں مندر گرا دیئے گئے، یہاں تک کہ لاہور کا جین مندر بھی۔

ہجوم کی بپھری ہوئی نفسیات عجب ہے۔ فائر بریگیڈ نے جب پشاور کے ایک چرچ سے اٹھنے والی آگ بجھا دی تو اگلے روز اس چرچ کے آگ میں جھلسے ہوئے دروازے پر ایک بورڈ آویزاں دیکھا گیا۔ جس پر لکھا تھا:

"یہ وہ عبادت گاہ ہے، جس میں پاکستان کی سلامتی کی دعا مانگی جاتی تھی۔"

بیگ احساس نے ایسے میں افسانہ "دھار" کی صورت ہندوستان کا درجہ حرارت نوٹ کروانے کو ایک بہت معمولی سی بات کو چنا۔ جو ابتدا میں تو معمولی تھی، لیکن آخر کار غیر معمولی بن گئی۔ ایک ریٹائرڈ مسلم، جس نے ریٹائرمنٹ کے بعد نہ داڑھی بڑھائی، نہ تسبیح ہاتھ میں لے کر مسجد کا رخ کیا، اس وقت مخمصے میں پڑ گیا جب حسب معمول صبح اٹھ کر اس نے شیو بنانا چاہی تو اسے اس کی شیونگ کٹ مخصوص جگہ پر رکھی ہوئی نہ ملی۔ بس اتنی سی بات تھی۔

اس کے بیٹے نے سیاہ شرعی داڑھی رکھ چھوڑی تھی، جو اس کے لیے ناگوار خاطر تھی۔ کٹر مذہبیت کی اپنے ہی گھر سے اٹھنے والی لہر اس کے لیے ایک مشکل بنتی جا رہی تھی۔ اس سے ایک ایسے ناسٹالجیا نے جنم لیا جو ہندوستان کی گنگا جمنی تہذیب کے کھو جانے سے متعلق ہے سب مٹتا جا رہا ہے، یہ عمل کیسے تھے؟ جو مٹ گیا، اس کی بازیافت کیوں کر ہو؟

اس نے کبھی ایک لمحے کے لیے بھی نہیں سوچا کہ خود اپنے یا اپنے بچوں کے مستقبل کو محفوظ بنانے کی خاطر کسی یورپی ملک میں چلا جائے۔ اسے یہ گوارا نہیں کہ محض روپے پیسے کی خاطر دوسرے درجے کا شہری بن جائے۔ جب کہ اس کی اگلی نسل ایسا کچھ ہی چاہتی تھی اور یہ اس کے لیے سوہان روح بنتا جا رہا تھا۔

اس نے اپنا آبائی گھر اس لیے چھوڑا کہ وہاں رفتہ رفتہ پنپنے والی مذہبی منافرت، اس کی طرز زندگی پر کھلے طنز میں ڈھلنے لگی تھی۔ اس سے پہلے کہ طنز، قتل و غارتگری میں ڈھلے، چھوڑ دیا اس نے وہ علاقہ اور اٹھ آیا، خالص مسلم آبادی میں جہاں ہر نکڑ پر لمبے کرتے اور اونچے پاجامے پہنے، سروں پر ٹوپیاں اڑسے لمبی داڑھیوں والے بزرگ تھے۔ یا چلتے پھرتے سیاہ برقعے۔ یہاں مسلمانوں ہی کو راہ راست پر لانے والی تبلیغی جماعت کی ٹولیاں گھر گھر دستک دیتیں۔ پر اس کے معمولات میں کوئی تبدیلی واقع نہ ہوئی البتہ برسوں کے معمولات میں پہلا رخنہ

تب پڑا جب اس کی بیوی نے الگ فرش پر بستر بچھا کر سونا شروع کر دیا اور پہلا دھچکہ یہ لگا کہ اس کے بیٹے نے شرعی داڑھی رکھ لی اور روپے پیسے کی خاطر یورپ کا رخ کیا۔ اس نے دل پر پتھر باندھ لیا۔ یہاں تک تو اس میں مزاحمت کی ہمت تھی لیکن غیر معمولی پن نے ایک جست آگے کو تب بھری جب اس کے بیٹے کو اس کے ظاہری حلیے کے پیش نظر یورپ کے ایئر پورٹ سے ہی واپس کر دیا گیا، اس شک کی بنا پر کے اس کی ہیئت کذائی بین الاقوامی دہشت گردوں سے ملتی جلتی تھی۔

کیا ان پر دنیا تنگ ہو رہی ہے؟ یہ وہ سوال تھا، جس کے سامنے اس کے معمولات زندگی کے ہی نہیں، اس کی بچی کھچی مزاحمت کے بخیے ادھڑ گئے۔ ایسے میں جب کئی روز بعد یورپ سے دھتکارے ہوئے بیٹے نے یہ کہتے ہوئے کہ ''صرف داڑھی رکاوٹ بن گئی ہے پاپا..... یہ لیجئے آپ کا سیٹ تو وہ بولا: ''نہیں...... اسے تم ہی رکھ لو۔''

اس نے اپنی من چاہی زندگی گزارنا چاہی تھی، جس میں ناکام رہا۔ کٹر مذہبیت اور فرقہ واریت کی سخت مزاحمت کی لیکن اپنے ہی خون کی شکست، ناکامی اور پسپائی کو دیکھ کر وہ ڈھے گیا۔ اس نے آئینے میں اپنا چہرہ دیکھا، اپنی بڑھی ہوئی داڑھی پر ہاتھ پھیرا اور خیال کیا کہ کچھ بُرا تو نہیں لگ رہا، گوارا ہی تو ہے۔

افسانے کا یہ اختتامیہ لاتعداد سوالات کو جنم دیتا ہے۔ کیا اس کی سوچ غلط تھی؟ کیا بیٹے کی صورت اپنے ہی خون کی یورپ میں Rejection اس کے لیے ناقابل برداشت ہوگئی؟ کیا اس نے بدلے ہوئے حالات کے آگے سر جھکا دیا؟ یا اس کا یہ فیصلہ اپنے جگر گوشے کو اپنی ہی دھرتی سے جوڑے رکھنے کی نئی تدبیر ہے؟ افسانے کو اس درجہ کثیر الجہات بنانا کچھ اتنا ارزاں نہیں۔

افسانہ ''نمی دانم کہ.....'' میں بنیادی قضیہ کیا ہے؟ ایک معمول کی بات قبضہ گروپ نے ایک شریف آدمی کے مکان پر قبضہ کر لیا ہے۔ وہ جو نسلاً مغل ہے، لیکن اس پر کبھی گھمنڈ نہ کیا یونیورسٹی ٹیچر ہے اور اس کا ریٹائرمنٹ قریب ہے۔ اس سے قبل کہ ریٹائرمنٹ ہو جائے اور یونیورسٹی اس سے سرکاری کوارٹر خالی کروائے، اپنا آبائی مکان جو والد گرامی نے کرائے پر اٹھا دیا تھا، کرایہ داروں سے خالی کروانا چاہتا ہے لیکن وہ کسی طور مان کر نہیں دیتے۔ سخت مشکل میں ہے۔ اللہ والوں سے رجوع کرنے کا سوچتا ہے اور نام پلی، کا رخ کرتا ہے۔ حیدرآباد (دکن) کا وہ علاقہ، جہاں مرکزی ریلوے اسٹیشن تھا۔ نام پلی کی وجہ تسمیہ یہ تھی کہ عبداللہ قطب شاہ کے دیوان سلطنت رضا قلی نیک نام خاں کے نام پر آباد ہوا۔ عوام نے نیک نام خاں، سے نام چنا اور اس کے ساتھ تلگو کا لفظ پلی جوڑ کر نام پلی بنا لیا۔ نامپلی میں ایک درگاہ تھی، جہاں جمعرات کے دن معمول سے زیادہ بھیڑ بھڑ کا رہتا۔ لوگ فاتحہ خوانی کو بھی آتے اور درگاہ کے سجادہ نشین سے دعا بھی کرواتے۔

وہ وہاں پہلی بار گیا تھا۔ درگاہ میں حاضری کے اطوار سے یکسر نابلد۔ بس ایک ہی جملے کا ورد کیے جارہا تھا مجھے مکان واپس دلوا دیجئے۔

درگاہ سے ملحقہ مسجد کے صحن میں ''اللہ ہو'' کا ورد جاری تھا اور درگاہ کے سجادہ نشین کی وہاں موجودگی بھی ثابت تھی، لیکن مرادیں مانگنے والوں کا ایک اژدہام تھا۔ جب تک ان تک پہنچتا، حضرت نے قوالوں کی منڈلی کا رخ کر لیا۔ قوالوں کو نذرانہ پیش کیا جاتا رہا اور یہ سلسلہ رات گئے تک جاری رہا۔ یہ دیکھ کر وہ اٹھ آیا۔ اگلے روز وہ حضرت قبلہ کے گھر چلا گیا کہ عرض گزارے کسی نے اسے یہ بھی بتا دیا تھا کہ قابض کرایہ دار، حضرت قبلہ کے خاص مریدوں میں سے ہے۔ اب اس کی مشکل سوا تھی۔ سخت مضطرب، وہ دروازے میں جوتوں کے قریب بیٹھ گیا۔ دالان میں تل دھرنے کو جگہ نہ تھی اور حضرت بیان فرما رہے تھے ''علم دو ہیں.....ایک علم ظاہر......دوسرا علم باطن .....'' وہ کرے تو کیا کرے حضرت قبلہ کا بیان طول پکڑ گیا۔ تاوقتیکہ نماز کا وقت ہو گیا اور وہ حضوری سے ایک بار پھر محروم رہا۔

ایک یونیورسٹی ٹیچر کی اس سے زیادہ کیا تذلیل ہو سکتی تھی اسے اس مقام تک پہنچا کر معمولی استعداد کا افسانہ نگار ناکام و نامراد شخص کو متعلقہ درگاہ اور حضرت قبلہ کے گرد قائم شدہ عقیدت کے حصار سے متنفر دکھا سکتا تھا پر یہ ایک فطری لیکن حد درجہ معمول کا ادنی سا رد عمل ہوتا۔ افسانے کی بنیاد بننے والی ایک معمول کی بات معمول کے درجے سے اوپر نہ اٹھتی۔ قاری کو جھٹکا اس وقت لگتا ہے جب وہ اپنی دوسری ناکامی پر ان جعل سازوں، جنھوں نے اہل صوف کا مکھوٹا چڑھا رکھا ہے کی جانب قلبی جھکاؤ محسوس کرتا ہے۔ ایسا نہیں کہ وہ تصوف کی حقیقت سے نا آشنا ہے۔ یہودیت کے زہادٗ عیسائیوں کی 'رہبانیت' مجوسیوں اور زرتشوں کی فکر اور ویدانت کے فلسفے پر اس کی گہری نظر ہے۔ یہ جھکاؤ در حقیقت اس کی غرض کی شدت ہے۔ اس کا خواب دیکھنا ثابت کرتا ہے اس نے مکان واگزار کروانے کے جھمیلے میں بہت پاپڑ بیلے۔ آخر بے بس ہو گیا۔ خواب میں بشارت ملنے کا سلسلہ موقوف ہوا وہ تھکا ہارا تیسری بار درگاہ کا رخ کرتا ہے اور صادق العقیدت مریدین کے آخری سرے پر جا بیٹھتا ہے۔

حضرت قبلہ کا بیان جاری تھا اور ذکر ہو رہا تھا میدان کرب وبلا میں امام حسینؓ کی بیعت کرنے والے صابرین کا اور اشارہ تھا حسینؓ کے یزید کے ہاتھ پر بیعت کرنے کی جانب۔ اس نے سوچا کہ دل نہ بھی مانے تو کیا مصلحت کے تحت بیعت کر لی جائے؟ اس کے ذہن میں ابھرنے والا یہ سوال ایک بڑی زقند ہے جو اسے کھائی کے اوپر فضا میں معلق کر دیتی ہے۔ نہ کھائی میں گرتا ہے، نہ اسے الانگھ پاتا ہے۔ یہاں سے یہ افسانہ Habituation کی نفسیات کی جانب نکل جاتا ہے۔ اس کے بعد نہ تو اس محفل میں مکان پر قابض کرایہ دار بیٹھا دکھائی دیا نہ حضرت قبلہ کی لن ترانیوں نے اسے موقع دیا کہ وہ اظہار مدعا کرے۔ وہ تو درگاہ تک جانے، وہاں بیٹھنے اور سننے کا عادی ہوتا چلا گیا۔

اس کی یہ قلب ماہیت، روحانی ہی نہیں جذباتی سطح پر بھی ہے۔ مدت بعد اس کا جی چاہا کہ گھر جائے اور اپنی منکوحہ کی گود میں سر رکھ کر جی ہلکا کر لے۔ اس کا راضی بہ رضا اور پرسکون ہو جانا، اس معمول کی بات (جس پر افسانے کی عمارت کھڑی ہے) میں کتنے ہی معنوی ابعاد پیدا کر دیتے ہیں۔ ایسے میں ایک ضمنی قصہ افسانے میں کیا سجا ہے، سبحان اللہ، بادشاہ دونوں بزرگوں کے آگے سر

جھکائے کھڑا ہے۔انھوں نے اس سے ایک ٹھیکری منگوائی...... پھر وہ بادشاہ کی طرف دیکھتے ہوا بولا"جاؤ، ان سے کہہ دو کہ وہ چلا گیا" وہ چمار نہیں اس زمانے کے قطب تھے جو ابوالحسن تاناشاہ کی سلطنت کی حفاظت کر رہے تھے۔ان کے جانے کے بعد قلعہ فتح ہوگیا۔

وہ تو اپنی منکوحہ کی گود میں سر رکھ کر جی ہلکا کر لیتا لیکن گھر میں ایک بیوی ہی تو تھی، جسے مکان واگزار کروانے کی جلدی تھی۔لحہ بھر کے لیے اپنی بیوی کی جانب اس کے اٹھتے ہوئے قدم، دنیاداری کا آخری حیلہ تھا اور اس کا لیٹے لیٹے کروٹ بدل کر سو جانا، راضی بہ رضا ہوجانے کا اشارہ ہے۔

حضرت قبلہ کا اس کی جانب متوجہ ہونا، اسے اپنے قریب بلانا، سینے سے لگا کر بھینچنا اور پشت تھپتھپانا اپنے اندر خاصی تہہ داری سمیٹے ہوئے ہے۔ حقیقت میں ایسا ہوا یا نہیں؟ کچھ کہہ نہیں سکتے اس لیے کہ وہ تو Habituation کا شکار ہو کر دنیا و مافیہا سے بے پرواہو گیا تھا۔اس روز کرایہ دار، مکان خالی کر کے اس کے گھر چابی دے گیا تھا یا نہیں؟ کیا پتا۔اس کا صدق دل سے یہ دعا مانگنا کہ اے اللہ، مجھے مسکین رکھ، کسی ایک قطعی اور حتمی نتیجہ کی بجائے افسانے کو کئی ایک معنوی ابعاد سے ہمکنار کر دیتا ہے۔

افسانہ"سانسوں کے درمیان" میں مرکزی کردار کی نفسی کیفیات کو 'شعور کی رو' کی تکنیک میں رقم کیا گیا ہے۔افسانے کا مرکزی کردار مختلف نفسی کیفیات کے تحت تیزی سے محسوسات اور تخیلات کے ایک زون سے دوسرے زون میں حرکت کرتا رہتا ہے۔اس حوالے سے اس کا لاشعور اس کا معاون و مددگار ہے۔ سگمنڈ فرائیڈ کے نظریہ لاشعور کی عطا، اس تکنیک کا تعلق موضوع سے زیادہ Method سے ہے، جس کے تحت دماغ میں آئے بے ربط امور نئی ترتیب میں ڈھلتے ہیں یوں اس افسانے کے مرکزی کردار کے ذہن میں بننے اور تحلیل ہوجانے والی حقیقت سے مشابہ تصویروں کا ربط ضبط کسی منطق یا استدلال کی وجہ سے نہیں بلکہ لحظہ بہ لحظہ لاشعور سے شعور میں داخل ہونے والی کیفیات سے ہے۔اب تو Pribram اور Spinelli کے لیباٹری تجربات نے بھی یہ بات ثابت کردی ہے کہ دماغ کا حرکی نظام، انسان کے حسی نظام پر اثر انداز ہوتا ہے۔اس کا مطلب یہ ہوا کہ دماغ اپنی "درآمد" کا من پسند انتخاب کرتا ہے۔ضروری نہیں کہ وہ "من پسند انتخاب" اس کے لیے سودمند بھی ہو۔وہ اس کے لیے گھاٹے کا سودا بھی ہوسکتا ہے۔

افسانہ"سانسوں کے درمیان" میں اس کی بہترین امثال وہ ہیں، جب افسانے کے مرکزی کردار کے والد کو ICU سے پینگ روم (Paying Room) میں منتقل کیا جاتا ہے۔اس موقع پر اس کے محسوسات کے درجے نوٹ کریں تو یکے بعد دیگرے اچنبھے کا سامنا کرنا پڑتا ہے۔

۱) اگر مریض پینگ روم میں آگیا تو لواحقین کے جیب میں ادائیگی کرنے کو معقول رقم ہونا شرط ہے۔

2) مریض کی حالت کیا سنبھلی، افسانے کا مرکزی کردار ایک نئی الجھن کا شکار ہوگیا کہ میاں بیوی کے پاس نئے کپڑے، جوتے تو ہیں نہیں کریں گے کیا؟

اسی نوع کے پیچ، بیگ احساس کی افسانوی تدبیر کاری کا خاصہ ہیں۔

اس دوسرے سوال کے سر اٹھاتے ہی افسانے کے بنیادی قضیے مہنگے ہسپتال کی فیس اور باپ کے مرجانے کا اندیشہ قدرے تحلیل ہوگئے۔اب افسانے کے مرکزی کردار کی دبی ہوئی خواہشات یکے بعد دیگرے اسے ایک ٹائم زون سے دوسرے ٹائم زون میں دھکیلتی ہیں۔پینگ روم سے ملحقہ واش روم میں وہ اکیلا، نہاتے ہوئے کمرے میں موجود عورت کو آواز دے کر بلاتا ہے۔جو اس کی بیوی ہے، لیکن ذہن کے دوسرے زون میں منتقل ہوجانے کے سبب وہ اپنے ساتھ نہاتی ہوئی منکوحہ عورت کے جسم میں وہ کساوٹ محسوس کرتا ہے، جو صرف اور صرف کسی کنوارے نسوانی وجود سے مخصوص ہے۔پھر یہ کہ اس کے کہے ہوئے نسوانی وجود کا مزاحمت کرنا (جب کہ اس کی منکوحہ، اس کے بچوں کی ماں، کیا مزاحمت کرے گی) قدرے الگ نوعیت کی مزاحمت ہے، جس کا تعلق سسر کے مکمل ہوش میں آجانے سے ہے۔وہ اگر ہوش میں آگئے تو کیا سوچیں گے؟ جب کہ اپنی ہی منکوحہ کے وجود میں ان چھوئی حسیناؤں کی تلاش اور بیوی کے بال اور نئی بروز بنوانے اور مینی کیور، پیڈی کیور کی خواہش نیز گھر کے لیے میکسی گرائنڈر، کولر اور اسفنج کے گدے کی خریداری اس تبدیل ہوتے ہوئے ذہن کے سبب ہے۔والد کی بیماری اور آبزرویشن کے گنے چنے دنوں میں ہسپتال کے VIP ماحول میں رہنے کا لازمہ۔لیکن ایسے میں جب والد ICU سے نکل کر پینگ روم میں آگیا اور تن درستی کی طرف بڑھ رہا ہے تو بچوں کے لیے ریڈی میڈ کپڑوں کی خریداری کیوں ضروری ہے؟ اس کے جواب میں صرف یہ نہیں کہا جاسکتا کہ وہی تبدیلی، جو VIP ماحول میں رہنے کا لازمہ تھا وہ بھی ہے، لیکن ایک سبب وہ اندیشہ بھی ہے جو اندر ہی اندر جڑ پکڑ رہا ہے کہ باپ مرگیا تو اپنوں اور غیروں کے جمع ہونے پر بچوں کی حالت بہتر دکھائی دے اور بھرم رہ جائے۔اور بالآخر ہوا بھی وہی۔ جب محسوسات اور مشاہدات کے نتیجہ میں ذہنی اور جذباتی تبدیلی آگئی تو اس تبدیلی کا واحد سبب (والد) زندگی کی بازی ہار گیا۔

افسانے کے اختتام پذیر ہوجانے پر اک ذرا تامل...... یہ تو ظاہر ہے کہ مرنے والا اپنے بیٹے، بہو اور پوتے پوتیوں کی زندگی میں جینے کی اک نئی امنگ بھر کر گور اتر گیا۔لیکن اس پر بھی تدبر کی ضرورت ہے کہ بیگ احساس نے کس طرح افسانے کو اس انجام تک پہنچانے سے پہلے درمیان میں معنویت کی تہیں بچھائیں اور کس طور بچھائیں۔

"رنگ کا سایہ" تہہ دار بیانیہ میں تحریر کردہ محبت کی ایک شاہکار کہانی ہے۔جس کی بنیاد حیدرآباد (دکن) سے مخصوص تہذیبی اور سماجی اقدار اور مسلم آبادی کا احساس تفاخر بنا۔یہ احساس تفاخر، قلم کار کے پرکھوں سے بذریعہ اجتماعی لاشعور آگے منتقل ہوا اور اب افسانہ نگار کے ناسٹلجیا کی صورت افسانے میں ایک بڑے قضیے کی صورت ابھرا۔ناسٹلجیا کی دوسری لہر خود افسانہ نگار کے ذاتی تجربات سے متعلق ہے۔ یوں ان دونوں اقسام کے ناسٹلجیا نے اس بظاہر معمول سے متعلق روز و شب مشاہدے

میں آنے والی اوائل جوانی کی ناکام محبت کی کہانی کو خاص بنادیا ہے۔

افسانے کا آغاز ان دولائینوں سے ہوتا ہے۔

’ہم اسی جگہ جارہے تھے، جہاں سے ہمیں راتوں رات افراتفری کے عالم میں بھاگنا پڑا تھا۔امی کا تو صرف جسم ساتھ آیا تھا۔روح شاید وہیں بھٹک رہی تھی پھر جسم بھی اس قابل نہیں رہا کہ ان کے وجود کا بار اٹھا سکتا۔آج اس جسم کو اسی زمین کے سپرد کرنا تھا۔‘‘

کوئی بھی افسانہ نگار اس طور بہت بڑا جوا کھیلتا ہے۔لیکن بیگ احساس کو تاش کے پتے پھینٹنے کا فن آتا ہے۔تاش کے کھیل میں ’فلاش‘ کھیلتے ہوئے اتنا اعتماد صرف اس کھلاڑی میں ہوگا، جسے باون پتے یاد ہوں اور نہ صرف یاد ہوں بلکہ ایک ایک پتہ اس کی انگلیوں کے تابع ہو کہ جب چاہا دوسرے تیسرے ہاتھ Show مانگ لینے والے کسی تھڑدلے مدمقابل کو غلاموں کی ٹریل تھما کر خود یکوں کی ٹریل رکھ لی اور لگے بلائینڈ کھیلنے۔

افسانے کے راوی کے دو سوال ’’کیا امی کی موت کا ذمہ دار میں ہوں؟‘‘ اور جواب کو سمیٹتے ہوئے اگلا سوال کہ ’’گھر چھوڑ کر تو سب بھاگے تھے۔ پھر اس کی ذمہ داری ہمارے عشق پر کیسے آگئی؟ افسانویت کا جال بچھانے کا کام کرتے ہیں۔اسی طرح ماضی بعید سے متعلق بہن کے گھر سے ایک بیوہ کے بچوں سمیت بیڑی کالونی میں اٹھ آنے کا ناسٹلجیا کئی رنگ بدلتا اور افسانویت کی لہر کو طاقت فراہم کرتا ہے۔ بیڑی کالونی سے متعلق یادوں کے بہاو کو توڑ توڑ کر بیان کرنے (تاکہ طوالت کا احساس اکتاہٹ نہ پیدا کردے) کے حوالے سے افسانہ نگار کی فنی مہارت کا پتا چلتا ہے۔

افسانے کے نوجوان مسلم مرکزی کردار (راوی) نے پہلی بار ایک کنویں کی مینڈھ پر ہندو لڑکی لکشمی کو دیکھا جس نے اسے تلگو زبان میں ’پگلا لڑکا‘ کا نام دیا تھا۔لکشمی اسکول میں پڑھتی تھی اور اس کی ماں گھر میں پرانے رنگ برنگے کپڑوں کو جوڑ کر بنتہ سیتی رہتی تھی۔سندھی میں ہمارے ہاں ’بنتہ‘ ’کورلی‘ کہا جاتا ہے۔دوسری طرف سب کچھ لٹ جانے کے باوجود مسلمانوں میں ایک طنطنہ تھا۔ ہندو جاتی کے مقابل ایک ایسا احساس تفاخر، جو اس افسانے میں جنم لینے والے المیے کا بنیادی سبب بنا۔لکشمی، لکشمی کے بہنوئی (ملیا) اور لکشمی کی ماتا (ناگماں) کی عاجزی اور سیس نوائی، افسانے میں میٹھا درد بھرنے کا کام کرتی ہے۔ جب کہ افسانہ نگار کی جانب سے تہذیبی منطقے سے متعلق اٹھائے گئے سوالات کہ ’’ہماری جڑیں کہاں ہیں؟ اس دھرتی سے ہمارا کیا رشتہ تھا؟ وہ جو اس دھرتی کی پہچان تھی؟ کیا ہوئی؟ اس میٹھے درد میں کڑواہٹ اور زہرناکی بھر دیتے ہیں۔

ماں کے ساتھ کام میں ہاتھ بٹانے والی لکشمی کو کھیتوں کی طرف آنے میں تاخیر ہوئی تو اس کے ہونٹوں سے نکلا ’’شما کردو‘‘ یہ اس خاندان کا وہی مودبانہ رویہ ہے، جو لکشمی کی ماں، بالماں کے ساتھ فیکٹری میں بیڑیاں بنانے والی کو نام لے کر نہیں، درسانی (بیگم صاحبہ) کے عزت دارانہ طریق سے مخاطب کرواتا ہے۔

جب کہ لکشمی کے راجکمار کو یہ اعتراض کہ لکشمی کا بہنوئی رکشہ کیوں چلاتا ہے، کوئی عزت دارانہ کام کیوں نہیں کرتا اور اس کے جواب میں لکشمی انتہائی عاجزی سے وضاحت کرتی ہے کہ ہم ہمیشہ سے ایسے نہ تھے۔اس کا یہ بیان حیدرآبادی انگ میں ملاحظہ کیجئے۔

’’کیا کریں گے ان کو کوئی اور کام آتچ نیں۔اماں اور بھابی سمجھا سمجھا کے تھک گئے۔ نانا (والد) ہمارے گاوں کے نواب صاحب کے خاص آدمی تھے۔اماں بولتے کہ نواب صاحب ان پہ بہوت بھروسہ کرتے تھے۔ان کو ہر جگہ اپنے ساتھ رکھتے تھے۔پولیس ایکشن میں ہمارا گاوں بہوت متاثر ہوا۔نواب صاحب کا بنگلہ جلا دیا گیا۔ان کے اپنے گاوں والے ان پر حملہ کرے تو نواب صاحب کو بہوت صدمہ ہوا۔بعد میں جاگیراں بی ختم ہوگئے۔ پولیس ایکشن کے بعد نواب صاحب گھر سے باہر نیں نکلے ان کا جنازہ اچ نکلا۔ نانا بی زیادہ دن زندہ نہیں رہے۔ نانا کے انتقال کے وخت بہوت چھوٹی تھی۔ہم لوگاں گھر بیچ کے یہاں آگئے۔ یہاں آنے کے بعد انا رکشہ چلانے لگے‘‘۔ کچھ دیر خاموشی رہی۔’’آپ لوگوں کو دیکھ کے اماں نواب صاب کے گھر والوں کو بہوت یاد کرتے۔‘‘

اگر یہ تفصیل حیدرآبادی انگ میں نہ ہوتی تو کیا اس قدر جچتی؟ پھر لکشمی کی یہ سوچ کہ ’’آپ لوگاں یہاں کیوں آئے، بیڑی بنانے والوں کی کالونی میں؟ ظاہر کرتی ہے کہ وہ راجکمار کی داسی ہے۔راجکمار کی سندرتا اور گورا رنگ، برباد کر گیا لکشمی کو۔اس نے دل و دماغ میں بٹھالی راجکمار کی شبیہہ اور جب بچہ جنا تو وہ ویسا ہی تھا۔وہی ناک نقشہ وہی رنگ جسے نہ برادری نے قبول کیا نہ اس کے شوہر نے جب کہ ان دونوں کا اس نوع کا جسمانی تعلق تو قائم ہی نہیں ہوا تھا۔

راجکمار کے بیڑی کالونی چھوڑ کر جانے کے سال بھر بعد شادی ہوئی تھی لکشمی کی۔ پر راجکمار کے رنگ کا سایہ ایسا پڑا کہ خاک کر گیا لکشمی کو ایک تہمت کی اتنی مار!

کچلے اور روندے ہوئے، ایک چنگھاڑ اس وقت بنتے ہیں، جب ان کی عزت پر ہاتھ ڈالا جائے۔اور وہی ہوا۔راجکمار کو اپنے گھر والوں سمیت، رات کی تاریکی میں نکلنا پڑا اس کالونی سے۔رسی جل گئی پر بل نہ گیا۔ایسے میں گھر چھوڑتے ہوئے اس مسلم گھرانے کا غرّہ دیکھیں کہ لکشمی کو ’حرافہ‘ کہا جا رہا ہے۔کہا جارہا ہے کہ ان لڑکیوں کا کام ہی یہی ہے کہ اچھے خاندانوں کے لڑکے گھیریں۔لیکن جب انھوں نے رات کی تاریکی میں کالونی چھوڑی تو انھیں بس اسٹاپ تک رکشے میں لے جانے کے لیے صرف ایک رکشہ ڈرائیور، جو لکشمی کا بہنوئی تھا، تیار پایا گیا۔پر یہ سب اس کے رکشے میں بس اسٹاپ تک کیوں جاتے، وہ تو اس حرافہ کا بہنوئی تھا۔

وقت گزر گیا اور جب ماں کی اپنے آبائی علاقے میں تدفین کی خاطر لکشمی کے راجکمار کا ادھر آنا ہوا۔تو وہ لکشمی کے بہنوئی ہی کے رکشے میں بیٹھ کر قبرستان سے وہاں تک آیا۔

’’کافی رونق ہوگئی ادھر تو‘‘

’’ہاں، آبادی بڑھ گئی ہے‘‘

"پانی کا کنکشن لگ گیا؟"

"ہاں"

"کتنی تکلیف ہوتی تھی کنوئیں سے پانی بھرنے کے لیے"

وہ جواب میں کیا کہتا۔ چپ رہا۔ اس کا زخم ہرا ہو گیا تھا پانی کے کنویں پر ہی تو ملاقات ہوئی تھی لکشمی سے اس کی اور اس کے نتیجہ میں ملنے والی بدنامی اس کی سالی کا مقدر بن گئی۔

افسانے کے اختتام پر کوئی واضح جواب، کوئی واضح لائحہ عمل لٹی پٹی لکشمی کے راجکمار کے پاس نہیں، جو تہذیبی منطقے کی بات کرتا تھا..... زمین سے اپنا ناتہ کھو جاتا تھا۔ اس کے سامنے اس کی شکل شباہت کا گورا چٹا ایک ننھا لڑکا کھڑا ہے، جسے بیڑی کالونی کے سبھی لوگ اسی کی ناجائز اولاد تصور کرتے ہیں۔

وہ فولڈنگ چیئر پر بیٹھا، اپنے سامنے اجڑی ہوئی فرش نشین لکشمی سے متعلق اس دُبدا میں پڑ گیا کہ کسی جھمیلے میں پڑے بغیر محض لکشمی کو دلاسہ دے کر وہاں سے چپ چاپ اٹھ آئے یا اس بچے کے سر پر ہاتھ رکھے اور لکشمی کو اپنے ساتھ لیے کہیں دور چلا جائے۔ قوی امکان یہی ہے کہ "رنگ کا سایہ" کھا جائے گا لکشمی کی جوانی........ کچھ نہیں بچے گا۔

بیگ احساس کے تخلیق کردہ کردار مختلف زمانوں میں چہل قدمی کرتے دکھائی دیتے ہیں۔ وہ زمانہ حال کو ماضی سے اور ماضی سے مستقبل کو اتنی سہولت سے جوڑ دیتے ہیں کہ بے اختیار داد دینے کو جی چاہتا ہے۔ افسانہ 'کھائی' میں مرحوم باپ کی میت برف کی سلوں کے حصار میں رکھی ہے، اس لیے کہ پوتے نے اس وقت تک تدفین سے روک دیا ہے، جب تک وہ اپنے وطن واپس نہ آجائے۔ ایسے میں شعور کی رو چپکے چپکے محض حال کو ماضی سے ہی نہیں جوڑ دیتی بلکہ گئی محافل کی گرد جھاڑ کر انھیں اجال بھی دیتی ہے۔ کبھی ایسا بھی ہوتا ہے کہ نفسیاتی الجھاوؤں کے سرے ماضی میں جھانکنے سے مل جاتے ہیں۔ جیسے اس افسانے میں باپ سے بیٹے کے متنفر ہو جانے کا سبب معلوم ہوا۔ نیز یہ بھی پتا چلا کہ یہ تین نسلوں کا الجھیڑا ہے، جس میں باپ کے ایک پرانے خدمت گار کی وفاداری جاگیردارانہ سوچ پر ضرب کاری ہے۔ جاگیردارانہ سوچ کے حامل باپ کی شاہ خرچیاں گھر کا بجٹ خراب کرنے کا سبب بنتی رہیں اور بیٹے کی میانہ روی کو اہلکارانہ ذہنیت قرار دیا جاتا رہا۔ یہی ٹکراؤ اندر ہی اندر افسانے کی بنت کرتا ہے۔ مرحوم کے بیٹے (کفایت علی) کے لیے سب سے بڑا دھچکا یہ ہے کہ نہ چاہتے ہوئے بھی جاگیردارانہ سوچ کی کونپل اس کے بیٹے کی صورت پھوٹی ہے۔ جس کے نزدیک روپیہ، ہر شخص کے مقام اور مرتبے کا تعین کرتا ہے اور رشتے ناتے، سٹیٹس کے مطابق جڑتے ہیں۔ حسب نسب، اعلیٰ اقدار اور ایمانداری کا زمانہ لد گیا۔ عائلی زندگی سے متعلق کتاب میں شامل دو افسانے "سنگ گراں" اور "نجات" بظاہر سادہ بیانیہ میں لکھے گئے افسانے ہیں لیکن ان میں بھی خاص طرح کی تہہ داری ہے "سنگ گراں" تو آخر میں جا کر استعارے میں ڈھل گیا۔

افسانہ "سنگ گراں" کی تعمیر نسوانی احساسات و محسوسات پر کی گئی ہے۔ افسانے کے کچھ مقامات تو خالصتاً نسوانی بیالوجی سے متعلق ہیں، جسے رقم کرنے سے ہماری جری اور بے باک خواتین افسانہ نگاروں نے بھی پہلوتہی کی جیسے افسانہ "سودا" از رشید جہاں (مشمولہ "عورت اور دوسرے افسانے" مطبوعہ ہاشمی بک ڈپو، لاہور طبع اول، نومبر ۱۹۳۷ء) میں بہت گنجائش تھی جنسی تحریص کے حوالے سے لکھنے کی لیکن رشید جہاں نے اندھیارے میں ہونے والے عمل پر جھجھلتی سی نگاہ ڈالی اور آگے بڑھ گئیں۔ یہ سارا کچھ بیگ احساس کی صورت ایک مرد افسانہ نگار کیوں کر لکھ پایا؟ تفصیل میں جانے سے خوف فساد خلق لاحق ہے۔ اس لیے اسے مقدر چھوڑتا ہوں۔

اس افسانے کا ایک ماضی ہے اور ایک حال۔ ماضی میں مذہبی کٹر پن براہ راست نسوانی فطرت سے الجھ رہا ہے۔ "ناخن رنگنے سے وضو نہیں ہوتا" (مذہب اسلام کے تمام مسالک ماضی قریب کے اس اجتہاد پر متفق ہیں) یہ نانی کا بیان ہے۔ جب کہ فطرت نسوانی ناخن پالش کی طلب گار رہی۔ پھر عہد نو کے الگ بکھیڑے ہیں۔ ٹوٹ گیا، جوائنٹ فیملی سسٹم، روایات کا شیرازہ بکھر گیا۔ روایتی مذہبی گھرانے کی لڑکی گھر والوں کی مرضی کیا، ان کے علم میں لائے بغیر کورٹ میریج تو کرسکتی ہے لیکن آگے؟ لڑکا، لڑکی دونوں جاب کریں، تب بھی حالات ایسے نہیں بن پاتے کہ ایک چھت تلے اکٹھے رہ سکیں۔ بے شک کرائے کا مکان ہی کیوں نا ہو۔ بچہ نہیں لے سکتے، زچہ کی دیکھ بھال، ملازمت کو جاری رکھنا مشکل۔ Child farm میں رکھیں گے بچے کو؟ کیسے ہوگا سب؟ نوبیاہتے جوڑے میں یہ بحث کچھ دن چلتی ہے انجام کار ابارشن ہی ایک حل نکلتا ہے۔ ممتا بہت ہاتھ پاؤں مارتی ہے پر کنارا نہیں ملتا۔ ڈوبنا جیسے طے ہے۔

اس سادہ بیانیہ افسانے میں معنوی ابعاد اس وقت جھلکنے لگتے ہیں، جب MTP کے ذریعے بچہ اندھے کنویں میں دھکیل دیا جاتا ہے۔ ایسے میں ممتا کھلی آنکھوں سے خواب دیکھتی ہے۔

"شاید وہ محفوظ ہے۔ کوئی قافلہ ادھر سے گزرے گا تو اسے باہر نکالے گا۔ اس کی وجاہت نازک انگلیوں کو زخمی کرے گی..... یوں وہ بچہ ماضی بعید کے یوسف کے استعارے میں ڈھل گیا۔ جس کی وجاہت کے سبب زلیخا ہی نہیں، اس کی سہیلیوں نے بھی بھرے دربار میں سیب کاٹتے ہوئے اپنی انگلیاں کاٹ لی تھیں۔ بے شک، اسے مجرم قرار دے کر کال کوٹھری میں دھکیل دیا گیا، لیکن ایک دن آئے گا جب وہ اس کال کوٹھری سے خوابوں کا شارح بن کر نکلے گا اور ماں کی رو رو کر بہہ جانے والی آنکھوں کی بینائی بحال کر دے گا۔"

یہ افسانہ تو تھا عہد جدید میں عائلی زندگی پر پڑنے والی افتاد سے متعلق، جب کہ دوسرا افسانہ "نجات" اس عارضے سے متعلق ہے جس نے "نائن الیون" کے بعد پر پرزے نکالے۔ مذہبی کٹر پن بڑھا اور مسلم ورلڈ ایک دوراہے پر آ کھڑی ہوئی۔

ایک مغربی ملک کی آزاد خیال سوسائٹی (جو کسی طور انڈر ورلڈ کے زیر نگیں علاقہ نہ تھا) میں ایک ذہنی طور پر تبدیل شدہ اجنبی (فرحان) نہ کھپ سکا لہٰذا اس کا وہاں رہنا اور روزی کمانا ناممکن ہو گیا۔ کیوں اور کیسے؟ اس سوال کو افسانہ میں اٹھا کر قاری کو اس کا جواب کھوجنے پر لگا دیا گیا ہے۔ کسی بات کو سمجھانے کا اس سے بہتر طریقہ کوئی نہیں۔

مذہبی جنونیت کے شکار، فرحان کی بیوی عاشی کا ہر نوع کی تہمت برداشت کرنا، اس ہندوستانی پتی ورتا بیوی کا ایک روپ ہے، جو ہر قیمت پر اپنا سہاگ بچانے کی فکر میں ہوتی ہے۔ لیکن عاشی کا کوئی جتن، مذہبی جنونیت کے مقابل بار آور نہ ہو سکا۔ جب طوفان تھم گیا تو عاشی نے یہ کہہ کر کہ ''میں تو ویسی ہی رہ گئی۔ پہلے نفرت اور دیوانگی کی وجہ سے دور رہتے تھے، اب شرمندگی اور احسان مندی کی وجہ سے دور رہتے ہیں۔ میں انھیں اس عذاب سے نجات دلانا چاہتی ہوں۔'' خود کو فرحان سے الگ کر لیا۔ یہ ایک ایسا ردِ عمل ہے، جو زمانہ حال میں ہمارے ہاں اٹھنے والے کٹر پن کے طوفان کے آگے بند باندھنے کے مترادف ہے۔

افسانہ ''چکرویو'' کا منظر نامہ Time-frame کے اعتبار سے تین پہروں میں بٹا ہوا ہے، جس میں دھرت راشٹر اور سنجے کے مکالمے کی صورت ہر یگ سے قدیم اتہاس کے مختلف بند رقم کر دیئے گئے ہیں۔ ہر یگ کے انت پر آنکھیں دیکھی اور کانوں سنی سے ایک ہی نتیجہ برآمد ہوا کہ اس یگ کی شناخت ہٹ دھرمی، بے حیائی اور بے ضمیری ہے۔ پھر ہر یگ کے انت پر آپ ہی آپ اس جلی ہوئی مٹی سے ایک نئی زندگی جنم لیتی ہے اور نوزائیدہ بچے کی مسکان، گہرا طنز بن جاتی ہے، انیائے کرنے والوں کی سوچ پر۔

بیگ احساس نے ویدوں سے مخصوص ملفوظاتی طریق میں کئی یگوں پر محیط انسانی حیات رقم کر دی ہے، لیکن Captions کے بغیر۔ اس میں ماضی بعید کی بربریت بھی موجود ہے، ماضی قریب کا جلتا ہوا احمد آباد بھی اور عہد حاضر کا میرانشاہ، میر علی اور دتہ خیل کا پاکستان سے متعلق علاقہ غیر بھی۔

افسانہ ''درد کے خیمے'' آزادی ۱۹۴۷ء کے بعد حیدرآباد (دکن) سے کراچی (پاکستان) براستہ کھوکھراپار، ہجرت سے متعلق ایک یک سطحی بیانیہ افسانہ ہی رہ جاتا، اگر اس میں بہن، بہنوئی اور ننھی بھانجی کی ہجرت کے تجربے میں پیچھے رہ جانے والوں کے ملال کو شامل نہ کر دیا جاتا۔ بیگ احساس نے اس افسانے میں ناسٹلجیا کی ایک نئی جہت یوں شامل کر دی کہ ہم ہجرت کریں یا ہمارا کوئی عزیز، گزرتے ایک ہی تجربے سے ہیں۔ پھر یہ کہ جیسا اوپر بیان ہوا، بیگ احساس کے افسانوں میں دھرتی سے جڑت اور تہذیبی اقدار کی شکست کا بیان اپنی جڑوں کی تلاش کا عمل بن جاتا ہے۔

اس افسانے کے مرکزی کردار کو اس مختصر سے مہاجر گھرانے کی طرف جھانکنے کا وقت تیس برس بعد میسر آیا، جب بہن نہ رہی۔ انسولین کے عادی بہنوئی اور بھانجی نے اسے ایئرپورٹ سے لیا۔ ایسے میں اس ہمیشہ کے لیے بچھڑ جانے والی بہن کا آنسوؤں سے تر چہرہ، جو کبھی ہجرت کرتے وقت ٹرین کے ڈبے کے ساتھ آگے بڑھ گیا تھا، اس کی آنکھوں میں ٹھہر گیا۔

عمر رسیدہ بہنوئی اور اس کے بچوں کی سوچ کا فرق اس کے لیے حیران کن تھا۔ بچے پاکستان کے فرد ہونے پر اتراتے ہیں اور بہنوئی، اتنا وقت گزر جانے کے باوجود گمشدہ حیدرآباد میں ہی میں جی رہا ہے۔ صد افسوس! کہ تقسیم پر اتنا وقت گزر جانے کے باوجود ویزا کا حصول مشکل۔

اس کے بہنوئی نے فون پر بتایا کہ اسے ایرپورٹ چھوڑ کر وہ دوبارہ قبرستان گئے تھے لیکن بہن کی قبر غائب ہے۔ تلاش کے باوجود کہیں نہیں ملی۔ تو کیا اپنے وطن جانے کی حسرت لیے مرجانے والی اس کی بہن کی مٹی اس کے ساتھ آ گئی؟

افسانہ ''شکستہ پر'' میں سمیر اور سشما جب پہلی بار ملے تھے تو ننھی سمن نے سشما کی انگلی تھام رکھی تھی اور سمیر نہیں جانتا تھا کہ سشما، طلاق یافتہ اور ایک بیٹی کی ماں ہو گی۔ پھر دس برس بعد ملے تو بہت کچھ کھو چکنے کے احساس کے ساتھ دونوں نے شادی کر لی۔ یوں ان کی محبت کا آغاز شادی کے بعد ہوا۔ سمن، اپنی ماں کے ساتھ جانے سے انکاری تھی، وہ اپنے نانا، نانی کے گھر ہی رہی۔

ابتدا میں بیٹی سے سشما کے کٹ جانے کا دکھ بظاہر دکھائی نہیں دیتا، دھیرے دھیرے سر اٹھاتا ہے۔ جب کہ سمن کے گھر آ جانے تک سمیر اس حقیقت سے لاعلم ہے پھر جیسا کہ فطری طور پر ہونا بھی چاہیے، سشما کی یہ آرزو تھی کہ سمیر، سمن کو بیٹی کے طور پر قبول کر لے لیکن اس کے بعد ماں، بیٹی ٹکرا گئیں۔ کبھی سمیر کی محبت سمیٹنے کے معاملے میں اور کبھی سمن کے حد درجہ بولڈ ہونے کے حوالے سے سمن کا اپنے نانا نانی کی جانب جھکاؤ بھی سشما کے لیے ناگوار خاطر رہا۔

سشما کا یہ رویہ بظاہر ابنارمل نفسیات سے مشابہ ہے، لیکن اس کا بھی ایک سبب ہے کہ سشما کی ماں نے اسے کم عمری میں بیاہ کر اس کا گھر بسنے نہیں دیا۔ جب شادی کی عمر کو پہنچی تو اسے سمیر بھا گیا لیکن اس کا طلاق یافتہ اور ایک بیٹی کی ماں ہونا دس برس کھا گیا۔ اب بیٹی کی اٹھتی جوانی اس کے مدمقابل تھی۔

بیگ احساس، اس نوع کی گتھیاں اپنے افسانوں میں سہج سہج کھولتے ہیں۔ معلوم ہوا کہ گئے دنوں میں سشما، سمن ہی کی عمر میں ناسمجھی کی بنا پر اپنے شوہر کی بھابھی سے شکست کھا کر طلاق تک پہنچی تھی۔ شکست پر شکست وہ تلملا کر رہ گئی۔

اس نوع کے نفسی الجھاوؤں کو ضبط تحریر میں لاتے ہوئے، بیگ احساس، تہہ در تہہ اظہاریئے سے کام لیتے اور سوالات کے لامتناہی سلسلوں کو سہ رستوں اور چورستوں تک لے آتے ہیں۔ افسانہ نگار یہ کیوں بتائے کہ سمن کا گھر سے ناراض ہو کر نکل جانا کس کے حق میں بہتر رہا۔ پھر یہ سوال الگ کہ سمن اپنے نانا، نانی کی تنہائی میں کمی کا باعث بن کر ایک بار پھر سشما کو شکست سے دوچار تو نہیں کر گئی؟ اس کا جواب بھی کچھ اتنا سہل نہیں یہ سشما کے لیے باعث کرب بھی ہے اور باعث اطمینان بھی۔ اس کی آنکھوں سے آنسو بھی رواں تھے اور چہرے پر اطمینان بھی تھا۔ پرندے ایک ایک کر کے پھر سے جاگ گئے تھے اور جال سمیت

اونچائی میں پرواز کرنے لگے تھے۔ بیگ احساس کا وہی من پسند طریق کار، جو سادہ بیانیے کو بھی معنوی سطح پر اٹھا کر کہیں سے کہیں پہنچا دیتا ہے۔

اب آیئے زبان و بیان کی طرف اس کے باوجود کہ بیشتر افسانوں میں تاریخ، سیاست، مذہب، معیشت اور معاشرت زیر بحث رہے پھر بھی خالصتاً علمی موضوعات سے مخصوص سپاٹ دو ٹوک زبان کہیں دیکھنے کو ملتی جو Information بہم پہنچانے کا لازمہ ہے۔ بیگ احساس نے کہیں کہیں بولی ٹھولی کی سطح پر حیدرآبادی انگ بھی برتا ہے اور سنسکرت اور ہندی بھی لیکن صرف مکالموں کی سطح پر۔ راوی کے بیانیہ میں نہیں۔ زبان و بیان سے متعلق یہ وہ شعور ہے، جس سے ہندوستان اور پاکستان میں لکھا جانے والا بیشتر حالیہ افسانہ خالی دکھائی دیتا ہے۔ نسبتاً پاکستان میں بلوچی، سرائیکی، پنجابی، پشتو اور ہندوستان میں بڑے شہروں کی Slang اور ہندی کے الفاظ کی پیوندکاری جاری ہے۔ جب اس خامی کی نشاندہی کرو تو جواب میں یہ سننا پڑتا ہے کہ وقت کے ساتھ ساتھ وسعت الفاظ کون لائے گا؟ حالانکہ افسانہ نگار کی زنبیل ان مقامی زبانوں کے الفاظ کی متبادل اردو لفظیات سے خالی ہوتی ہے۔ ''نوراللغات'' فرہنگ آصفیہ اور ''جامع اللغات'' کے انھوں نے نام تک نہیں سنے، کھول کر کیا دیکھیں گے۔

ایک مدت بعد مجھے ان افسانوں میں اتنی نتھری ستھری زبان پڑھنے کو ملی، جو نہ تو اردو کا لکھنوی رنگ ہے، نہ دہلوی لیکن کیا کہنے صاحب! اب وہ زمانہ لد گیا، جب راشدالخیری، اشرف صبوحی، صادق الخیری اور آمنہ نازلی نے اپنے افسانوں میں اردوئے معلیٰ کی خوشبو بسالی تھی۔ اب تو دلی میں بھی کرخنداری کا چلن ہے۔

انتظار حسین کی زبان و بیان پر صدقے واری جانے والے کبھی یہ نہیں کہیں گے کہ انتظار حسین کی زبان و بیان کا تعلق دور دور تک دہلوی رنگ سے نہیں، میرٹھ اور بلند شہر کے دیہی علاقہ جات سے ہے۔ جس میں تذکیروتانیث کی قطعیت پنجاب کی دین ہے۔ دہلی اور لکھنو کے مراکز سے دور بیٹھے بیگ احساس کا اس ضمن میں کوئی دعویٰ نہیں۔ وہ تو اسے محض گنگا جمنی تہذیب کی عطا شمار کرتے ہیں۔

ان افسانوں میں بیگ احساس کی حال مست اور پُر باش زندگی کی جھلکیاں بھی ہیں اور ان کی رسمی اعتقادات سے دوری بھی۔ اس کا ایک سبب ہے۔ ان کے اجداد اورنگ زیب عالمگیر کی افواج کے ساتھ دکن میں وارد ہوئے تھے۔ مغول ہوتے ہی ایسے ہیں۔ جب عمر شیخ مرزا کے بیٹے ظہیرالدین بابر نے فرغانہ سے نکل کر ہندوستان کا رخ کیا اس کے بازو بن کر ساتھ چلنے والے بھی مغول ہی تھے، جنھوں نے اپنے چغتہ سردار بابر کے ایک اشارے پر درہ خیبر اور اٹک بنارس کے ''کالا چٹا'' پہاڑی سلسلے میں قدم جما کر شب خون مارنے والے پٹھانوں کے سروں کے مینار بنائے اور عالمگیر لشکر کا پھریرا دکن پر لہرا کر وہیں بس گئے۔

بیگ احساس کی حیدرآباد (دکن) کی سرزمین اور اس کی قدیمی روایات
سے جڑت درحقیقت اپنے اجداد کے قدیمی مسکن سے جڑت کا ثبوت ہے۔
قبرستانوں میں گڑی بوسیدہ ہڈیاں جوڑے رکھتی ہیں ماضی بعید کو لمحہ موجود سے۔

جنوں کا سودا

سرور الہدیٰ
(دہلی، بھارت)

دخمہ میں گیارہ افسانے شامل ہیں۔ اور ان افسانو کی قرأت میں کوئی خارجی شئے حائل نہیں ہے۔ ابتدائیہ کے تحت مرزا حامد بیگ کا تفصیلی مضمون شامل ہے اور کتاب کی پشت پر گوپی چند نارنگ اور مجتبیٰ حسین کی آرا درج ہیں۔ اندرونی فلیپ پر مجاور حسین رضوی، مغنی تبسم، بلراج کومل، سلیمان اطہر جاوید اور نور الحسنین کی رائیں بھی دیکھی جا سکتی ہیں۔ ابتدائیہ سے پہلے ایک نثری ٹکڑا ہے اور اگر خدا چاہے تو ادھورے قصے بھی پورے کر دیتا ہے۔

کتب کا سرِ ورق بیگ احساس کی تزئین کا نتیجہ ہے۔ سرورق سے افسانوی متن کی ترتیب و تنظیم پر اگر افسانہ نگار کا گہرا نقش ہے اور ہم ان کے درمیان کسی با معنی رشتے کی جستجو کر سکتے ہیں تو یہ بھی کسی کامیاب افسانہ نگار کی ضمانت ہے۔ اگر بیگ احساس دخمہ کا سرورق تیار نہ کیا ہوتا تو بھی دخمہ کا متن ہمارے لیے اہم ہوتا۔ افسانہ نگار کو قصے کے ادھورے پن کا بھی احساس ہے اور اسے اس بات کا یقین ہے کہ قصے کو مکمل کرنے والا وہ قصہ گو نہیں جو کسی افسانوی کتاب کا ہے بلکہ کوئی اور ہے کبھی کوئی اور کو ہم مختلف ناموں سے پکارتے اور جانتے ہیں۔ بیگ احساس نے غالب کے شعر سے بھی اپنا ایک تخلیقی رشتہ قایم کیا ہے۔ جنوں کا سودا کیوں کر صدف گوہر شکست بن جاتا ہے اس کی تفصیل میں جانے کا اس لیے موقع نہیں کہ اصل مسئلہ تو یہاں بیگ احساس کے افسانوں کا ہے۔ افسانہ دخمہ دوسرے افسانوں کے مقابلے میں زیادہ موضوع گفتگو بنا بلکہ یہ تاثر دینے کی کوشش کی جاتی ہے کہ دخمہ نے دوسرے افسانوں کو سنبھال رکھا ہے۔ مرزا حامد بیگ نے بھی اس افسانے پر بڑی توجہ صرف کی ہے۔ مجھے محسوس ہوتا ہے کہ بعض اوقات کوئی ایک افسانہ دوسرے افسانوں کے لیے مشکل پیدا کر دیتا ہے مگر آخری بات تو یہی کہی جا سکتی ہے کہ قاری پر نہ مصنف کا اختیار ہے اور نہ نقاد کا۔ بلکہ دخمہ کے افسانوی متن پر بیگ احساس کا بھی کوئی اختیار یوں نہیں رہا کہ قاری آزاد ہے اور وہ آزادانہ طور پر افسانوں سے مکالمہ قایم کرے گا۔ ایک بات جو توجہ طلب ہے وہ یہ کہ بیگ احساس نے اپنی طرف سے کچھ نہیں لکھا ہے۔ افسانوی متن کے ساتھ جو رائیں شامل ہیں میں انھیں افسانوں کی قرأت میں اس لیے حائل نہیں سمجھتا کہ بیگ احساس کی یہ کہانی ان آراء کے ساتھ چلتی بھی ہیں اور ان سے گریزاں بھی۔ کسی کی کوئی رائے قاری کو بہت دیر تک اپنی گرفت میں نہیں رکھ سکتی۔ مرزا حامد بیگ خود بھی ایک اچھے افسانہ نگار ہیں اور افسانوں پر ان کی گہری نظر ہے۔ انھوں نے 60 کی دہائی کے افسانوں پر لکھتے ہوئے جہاں وہی انداز اختیار کی ہے جو عموماً پایا جاتا ہے یعنی جدیدیت کے پروردہ افسانہ نگاروں نے بیانیہ کو ختم کر دیا۔ کرداروں کے نام غائب ہو گئے۔ افسانہ غیر ضروری طور پر تجریدی اور علامتی ہو گیا۔ یہ تمام تفصیلات مرزا حامد بیگ نے اس لیے پیش کی ہیں تا کہ بیگ احساس کے افسانوں کے لیے جواز پیدا کیا جا سکے اور انھیں 60 کی دہائی کے افسانہ نگاروں سے مختلف پایا جائے۔ بے شک 60 کی دہائی کا افسانہ مین را، انور سجاد، سریندر پرکاش اور خالدہ اصغر کے افسانوں کی وجہ سے مختلف تجربات سے گزرا اور شمس الرحمٰن فاروقی کی یہ رائے متاثر کرتی ہے کہ ترقی پسند افسانوں کے بعد اگر افسانے کو نئی بلندیوں تک جانا تھا تو انہیں انہی تجربات سے گزرنا تھا۔ اسی صورت میں مین را کا افسانہ کرشن چندر کے افسانے سے مختلف ہو سکتا تھا۔ اگر بیگ احساس کے افسانے شب خون اور اوراق میں شائع نہیں ہوئے تو اس سے بیگ احساس کے افسانوں کی اہمیت کم یا زیادہ نہیں ہوتی۔ کیا یہ سچ نہیں کہ بیگ احساس کے افسانوں میں وہ سچائیاں بھی ہیں جنھیں جدیدیت نے ایک خاص اسلوب میں پیش کیا۔ ان سچائیوں کو زندگی کے اندھیرے اور مریضانہ رویئے کا نام دیا گیا۔ اس میں شک نہیں کہ بیگ احساس کے یہاں ان اندھیروں کے تعلق سے خود سپردگی نہیں ہے مگر اندھیرے تو اندھیرے ہیں۔ دخمہ کا پہلا ہی افسانہ "سنگ گراں" اس کی بہترین مثال ہے۔ خون کے رنگ سے ادبا اور شعرا نے تخلیقی سطح پر بہت کام لیا ہے۔ اختر الایمان نے

ع　پان کی پیک ہے یہ اماں نے تھوکی ہوگی

کہہ کر پان اور خون کے رنگ کو جس نئے سیاق میں پیش کیا تھا وہ بظاہر کتنا عام سا تجربہ معلوم ہوتا ہے لیکن "یہ داغ داغ اجالا یہ شب گزیدہ سحر" کے بعد پان کی پیک ہے یہ اماں نے تھوک ہوگی" کسی اور طرح سے ایک بڑی ٹریجڈی کو سامنے لاتا ہے۔ بیگ احساس نے ناخن کی پالش کے رنگ سے جو کام لیا ہے وہ ہماری تہذیبی زندگی کا ایک اشاریہ ہے تو دوسری طرف پیٹ میں پلنے والے بچے کے قتل سے کس طرح وہ ہم آہنگ ہو جاتا ہے۔ ایک رنگ جو ناخن کی پالش پر ہے اور دوسرا وہ رنگ ہے جو اس روح میں موجود تھا جسے دنیا میں آنا تھا لیکن وہ وقت سے پہلے زندگی کی عام ضرورتوں کے سیاق میں ختم کر دیا جاتا ہے۔ کہانی کا یہ حصہ بہت عام طریقے سے آگے بڑھتا ہے میاں بیوی کے درمیان گفتگو ہوتی ہے لیکن قاری کو یہ محسوس نہیں ہوتا کہ ناخن کی پالش کا رنگ آگے چل کر کس طرح زندگی کی ایک تلخ حقیقت سے ہم آہنگ ہو جائے گا۔ یہ کہانی کوئی جنسی کہانی نہیں ہے اور نہ ہی ازدواجی زندگی کی بوجھ تلے دبے ہوئے کسی گھر کی تصویر کو روایتی طریقے سے سامنے لاتی ہے۔ بلکہ عام ضرورتیں پریشان کرتی ہیں لیکن بار بار ممتا اس کے سامنے آجاتی ہے اور وہ شوہر سے کہتی ہے کہ میں سب سنبھال لوں گی۔ اس مکالمے میں شام کا منظر بھی ہے اور وہ منظر زندگی کی اس تلخ حقیقت کے ساتھ کچھ اس طرح سامنے آتا ہے کہ قاری منظر کشی کے شناسا سا اسلوب سے کچھ الگ اور مختلف دیکھنے لگتا ہے مثلاً:

"سورج غروب ہو رہا تھا۔ آسمان لال انگارہ ہو گیا تھا۔ اس کی سرخی کے سامنے درخت کی ٹہنیاں اور پتیاں سیاہ لگ رہی تھیں جیسے وہ سایہ ہوں۔ وہ پل سے آگے بڑھ گئے میری بات سنو دیکھو دنیا کتنی بدل گئی ہے۔ ایک سرکل پورا ہو رہا ہے۔ انسان ماقبل تہذیب جانوروں کی طرح رہتا تھا۔ ذاتی ملکیت کا کوئی تصور نہ

تھا"۔"پھر رفتہ رفتہ آواز دور ہوتی گئی آخری بار اس نے وہ آواز سنی تو ایسا لگا جیسے کوئی گہرے کنویں سے پکار رہا ہو۔ پھر اسے ہوش نہیں رہا۔ ہوش آیا تو دیکھا کمرے میں اس کے سوا کوئی نہیں ہے..... ڈریسنگ ٹیبل پر نیل پالش رکھی تھی اس نے نیل پالش کی شیشی اٹھائی ناخن رنگنے کے لیے ڈراز کھولا تو چکنائی بھرا مادہ باہر آیا۔ عجیب سی چپ چپاہٹ تھی اس نے برش ناخن پر رکھا تو لگا جیسے تازہ خون ہو۔ خون وہ پھوٹ پھوٹ کر رونے لگی۔ شاید اس کے بچے کو کنوئیں میں ڈھکیل دیا گیا۔ شاید وہ محفوظ ہے۔ کوئی قافلہ ادھر سے گزرے گا تو اسے باہر نکالے گا۔ اس کی وجاہت نازک انگلیوں کو زخمی کرے گی اور پھر وہ سات مقفل دروازوں کی پروا کیے بغیر بھاگے گا۔ دروازے خود بخود کھل جائیں گے لیکن قید خانے پر اس کی دوڑ ختم ہوگی۔ پھر وہ قید خانے سے معتبر بن کر نکلے گا۔ اس وقت وہ بینائی کھو چکی ہوگی۔ اس کا بیٹا اسے اندھیروں سے نکالے گا"۔

کہانی بظاہر ایک امید فردا پر ختم ہو جاتی ہے لیکن کیا واقعی یہ کوئی امید فردا ہے جس کے سہارے جیا جا سکتا ہے۔ یہ خود کلامی داخلی سطح پر ان اندھیروں کو جذب کیے ہوئے ہے بیگ احساس نے ایک خاص طریقے کار کے سبب ابھرنے کا کم کم موقع دیا ہے۔ کہیں کہیں دکھ چھلک پڑتا ہے، آنکھیں بھیگ جاتی ہیں۔ لیکن بیگ احساس نے پوری کہانی کو کچھ اس طرح سنبھال رکھا ہے کہ قاری بہت مشکل سے یہ گنجائش پیدا کرے گا کہ اسے یوں ہونا چاہیے تھا اور اسے یوں نہیں ہونا چاہیے تھا۔ بلکہ اس کی گنجائش پیدا کرنا غیر فطری عمل ہوگا۔ یہ بھی دیکھیے کہ کہانی میں کرداروں کے نام نہیں ہیں۔ وہ، ہم، اس نے، ان الفاظ کے ذریعے کہانی تیار کی ہوئی ہے۔ نانی نے یہ بتایا تھا کہ ناخن کے رنگنے سے وضو اور نماز پر حرف آتا ہے اس طرح کہانی کو شروع کرنا یہ بتایا ہے کہ بیگ احساس نے کہانی کو گھر سے باہر تلاش کرنے کی کوشش نہیں کی اور جہاں کہیں باہر کا گمان ہوتا ہے وہ بھی دراصل گھر ہی ہے، جو وقتی طور پر باہر جیسا ہے۔ یہ محض اتفاق تو نہیں کہ بیگ حساس کے یہاں ڈاکٹر، نرس، آپریشن، موت، نعش یہ تمام سچائیاں کچھ اسی طرح اپنی موجودگی کا احساس درج کراتی ہیں ہیں ان کی بنیاد دیرینہ بھی جدیدیوں کو برا بھلا کہا گیا تھا اور ایک کتاب Ilness as a Metapher بہت مقبول ہوئی۔ بیگ احساس کو تخلیقی سطح پر ان باتوں کا شعور ہے کہ زندگی ان اندھیروں کے بغیر مکمل ہی نہیں ہوتی اور ان کے بارے میں کوئی ایسا رویہ اختیار کرنا جن سے تخلیقیت متاثر ہو مناسب نہیں ہے۔ اسی لیے افسانہ "کھائی" میں شوکت میاں کی نعش اور کایت علی کا قرآن کی تلاوت کرنا اور شوکت میاں کی لاش کے آس پاس برف کی سلیوں کا ہونا اور برف کا پگھلنا جو منظر پیش کرتا ہے وہ کسی بھی قاری کے لیے حیران کن تو نہیں لیکن بہت خوش گوار بھی نہیں ہے اور میں یہ بات اس لیے لکھ رہا ہوں تا کہ جو لوگ یہ سمجھتے ہیں کہ افسانہ 70 کے بعد بالکل تبدیل ہو گیا انھیں ذرا تخلیقی متن کے ساتھ سفر کرنا چاہیے۔ یہ ضرور ہے کہ بیگ احساس ان اندھیروں کی پیش کش کے درمیان کچھ ایسی حقیقت کی جستجو کرتے ہیں جو ذرا دیر سے حیرت میں ڈالتے ہیں مثلاً یہی "قرآن کی تلاوت کرتے کرتے کفایت علی نے اپنے باپ کی نعش کے طرف دیکھا وہ فیصلہ نہیں کر سکا کہ اسے اپنے باپ کے مرنے کا افسوس ہے بھی یا نہیں...... برف کی بوندیں فرش پر ٹپکتی رہیں۔ فرش پر اچھا خاصا پانی جمع ہو کر بہنے لگا تھا۔ کیا مزید برف کی ضرورت پڑے گی؟ کسی نے کفایت علی سے پوچھا۔ نہیں یہی کافی ہو جائے گی۔ پہلی بار کفایت علی کو اپنے لہجے میں خود اعتمادی اور قطعیت کا احساس ہوا۔ اس میں تعجب کی بات بھی کیا ہے شوکت میاں کے بعد اب خاندان کا سربراہ وہی ہے"۔

ایک کہانی "درد کے خیمے" ہے۔ جس میں ہجرت کا کرب ہے لیکن کہیں بھی ہجرت کا یہ کرب فیشن کی شکل اختیار نہیں کرتا۔ اس کی وجہ یہ ہے کہ بیگ احساس نے اس کرب کو زندگی کے جس گہری سطح تک جا کر محسوس کیا ہے اور رشتوں کو جس احساس کی سطح پر دیکھا ہے وہ ایک بڑی سچائی ہے اسی لیے اس موضوع پر اتنا کچھ لکھے جانے کے باوجود بیگ احساس کی اس کہانی میں ایک تازگی پائی جاتی ہے۔ کہانی ان جملوں پر ختم ہوتی ہے۔ خوب صورت شہروں کی اونچی عمارتوں نے احساس دلایا کہ میں اپنی زمین پر واپس آ گیا ہوں۔ بہنوئی نے فون اٹھایا میں نے پہنچنے کی اطلاع دی۔ انھوں نے بھرائی آواز میں کہا ایئرپورٹ سے واپسی پر ہم پھر قبرستان گئے دل بھر آیا تھا تمہاری بہن کی قبر سے لپٹ کر رونا چاہتا تھا لیکن سنو تم سن رہے ہونا۔ تمہاری بہن کی قبر کا کہیں پتہ نہیں چلا۔ ہم نے قبرستان کا چپہ چپہ چھان مارا تمہاری بہن کی قبر کہیں دکھائی نہیں دی۔ میں سناٹے میں آ گیا کہ کیا میرے ساتھ میری بہن کی مٹی بھی آ گئی۔ اب کہانی کی تفصیلات میں جانے کا یہ موقع نہیں لیکن میں یہ پھر عرض کروں کہ اس طرح کہانی کو اخیر تک لے آنا اور اس سطح پر ختم کرنا کوئی آسان کام نہیں ہے۔ بیگ احساس کو اس بات کا شدید احساس ہے کہ زندگی کے یہ حقائق جن میں مٹی بھی ہے اور قبر بھی اور قربت اور فاصلہ بھی بڑھتی ہوئی عمر بھی اور ان سب کے درمیان نئی نسل کی اپنی ترجیحات بھی اگر انھیں مجموعی طور پر دیکھا نہیں گیا تو افسانے کا وہی حشر ہوگا جو بیگ احساس کے کئی معاصر افسانہ نگاروں کے یہاں دیکھنے کو ملتا ہے۔ مجھے ایک اور افسانہ "سانسوں کے درمیان" کا ذکر بھی کرنا ہے جس کو پڑھنے کے بعد یہ محسوس نہیں ہوتا کہ یہ سانس صرف کہانی کے اندر ہے۔ بلکہ انسانی زندگی کا حصہ بن جاتا ہے۔ یہی وہ ہنر ہے جسے بیگ احساس نے بغیر کسی شور شرابے کے اختیار کیا ہے اور بہت ٹھنڈے دل و دماغ سے کہانی کے بنت کو تیار کیا ہے۔ یہ ایک ایسا اسلوب ہے جس کی مثالیں خسرو کے یہاں بھی مل جائیں گی، مگر ایک قاری کی حیثیت سے میں یہ محسوس کرتا ہوں کہ بیگ احساس کے افسانے اپنے دائمی اور عصری حسن کی وجہ سے توجہ طلب ہیں۔ جو دائمی ہیں اس میں زندگی کے نہ ختم ہونے والے مسائل ہیں اور جو عصری ہے اس میں واقعتاً عصری مسائل ہیں۔ لیکن انھیں کچھ اس طرح پیش کیا گیا ہے کہ نئے اور پرانے کا احترام بھی باقی رہتا ہے اور ان میں وحدت بھی قایم ہوتی جاتی ہے، اور ٹوٹتی بھی ہے۔ ایک بات اور مجھے یہ کہنی ہے کہ بیگ احساس نے وحدت تاثر کو پارہ پارہ کرنے کی غیر ضروری کوشش نہیں کی ہے۔

افسانوں کا افسانوی رمز

رضوانہ پروین
(پٹنہ، بھارت)

اردو فکشن میں حیدر آباد کے جن فکشن نگاروں نے اپنے فن کا لوہا منوایا ہے ان میں جیلانی بانو، اقبال متین، اقبال مجید اور مظہر الزماں کے بعد سب کی زباں پر جو نام ہے وہ ہے بیگ احساس۔ جدیدیت سے مابعد جدیدیت تک کا سفر طے کرنے والا یہ عظیم فکشن نگار عصری تقاضوں سے نہ صرف اچھی طرح واقف ہے، بلکہ انسانی نفسیات کا نباض اور بدلتے ہوئے انسانی رویّوں کا پارکھ بھی ہے۔ بیگ احساس کا افسانوی کائنات بہت وسیع نہیں ہے لیکن کمال یہ ہے کہ ان کا ہر دوسرا افسانہ پہلے افسانوں سے منفرد ہوتا ہے۔ یہ انفرادیت موضوعاتی بھی ہوتی ہے اور تکنیکی بھی۔ یہی موضوعاتی اور تکنیکی انفراد بیگ احساس کی انفرادی شناخت کا ضامن ہے۔ بیگ احساس نے افسانہ نگاری کی ابتداء ۱۹۷۱ء میں کی اور ان کا پہلا افسانہ 'سراب' کے عنوان سے ماہنامہ 'بانو'، دہلی میں شائع ہوا۔ اب تک موصوف کے تین افسانوی مجموعے منظر عام پر آئے اور قارئین سے داد و تحسین وصول کر چکے ہیں۔ پہلا افسانوی مجموعہ 'خوشۂ گندم' (۱۹۷۹ء) اور دوسرا مجموعہ 'حنظل' (۱۹۹۳) اور تیسرا مجموعہ 'دخمہ' (۲۰۱۵ء) میں عرشیہ پبلی کیشنز، دہلی سے طبع ہو کر منظر عام پر آیا۔

'دخمہ' گیارہ افسانوں پر مشتمل ہے۔ اس میں شامل افسانوں کے نام بلترتیب یوں ہیں: سنگ گراں، کھائی، چکرویو، درد کے خیمے، سانسوں کے درمیاں، نجات، دھار، شکستہ پر، دخمہ، نمی دانم کہ اور 'رنگ کا سایہ' ہیں۔ مذکورہ بالا تمام افسانے موضوع اور تکنیک دونوں اعتبار سے ندرت کے حامل ہیں۔ یوں تو بیگ احساس کے تمام افسانے ایک نئے رنگ اور جدا انداز کے حامل ہوتے ہی ہیں اس پر تمغہ یہ کہ ان کے افسانوں کے عنوانات اکثر مختصر اور پر معنٰی ہوتے ہیں۔ چونکہ افسانے کے عنوان کو سمجھتے ہی افسانے کی فضا سے قاری کو ذہنی جڑاؤ پیدا ہوتا ہے۔ مثلاً 'دخمہ' یہ عام فہم لفظ نہیں ہے۔ اس کے مفہوم تک رسائی عام قاری کو لغت کے بغیر دشوار ہے۔ لیکن جوں ہی اس کے معنٰی تک رسائی ہو جاتی ہے افسانے کا پس منظر کھل کر سامنے آجاتا ہے۔ بہر کیف 'دخمہ' چونکہ مجموعے کا عنوان بھی ہے اس لئے اس لفظ کے معنٰی کی جانب اشارہ (مجھ جیسے عام قاری کے لئے) ضروری معلوم پڑتا ہے۔ 'دخمہ' پارسیوں کے قبرستان/نعش کے رکھنے کی خاص جگہ کا نام ہے۔ چونکہ اس افسانے کے مرکز میں پارسی برادری ہے۔ پارسیوں کے یہاں نعش کو دفن کرنے یا جلانے کے بجائے دخمہ کی چھت پر رکھ دیا جاتا ہے تاکہ گدھ اسے کھالیں۔ چونکہ گدھوں کا نعش کو کھا کر پیٹ بھرنا پارسیوں کے مذہبی عقیدے کے مطابق نیک عمل تصور کیا جاتا ہے۔ بہر حال دخمہ کے گرد و نواح کے بیان سے ہی اس افسانے کی ابتدا ہوتی ہے۔ افسانہ نگار نے قصّے کے تانے بانے میں دخمہ کو استعاراتی رنگ دے کر پیش کیا ہے۔ اس افسانے میں بیگ احساس نے 'دخمہ' MAI KADA EAST; 1964 کو تہذیب کے باقیات کی صورت میں پیش کر مٹتی ہوئی تہذیب کی خوبصورت تصویر کشی کی ہے۔ اس افسانے میں بیک وقت کئی لہریں موجزن ہیں۔ ماضی، حال اور مستقبل تینوں عہد کی جھلکیاں اس افسانے میں موجود ہیں، اس طرح تاریخ کی وہ حقیقی تصویریں بھی پیش کی گئی ہیں جس کے بغیر اس کا مستقبل بھی اندھیرے میں گم ہو جاتا ہے۔ اس ضمن میں افسانہ 'دخمہ' کے متن سے چند سطور پیش ہیں:

''جس شہر کی تاریخ نہیں ہوتی اس کی تہذیب بھی نہیں ہوتی۔''

''ولی عہد نے مغربی ملک کو اپنا مسکن بنالیا۔''

''نئی تہذیب، نیا رجحان، منتقلی (بیرون و صوبائی)۔۔۔''

''۔۔۔باہر بس جانے والے ایک تو ناسٹالجک ہو جاتے ہیں دوسرے چیارٹی (چیریٹی) کرنے کے لئے اتاولے ہوتے ہیں۔''

درج بالا مختصر اقتباسات افسانہ 'دخمہ' سے ماخوذ ہیں۔ ان میں بلترتیب تاریخی اہمیت و حیثیت، بیرونی و صوبائی ہجرت، منتقلی کے تحت بدلتے ہوئے تہذیبی اقدار کو جس فنّی حسن کے ساتھ بیان کیا گیا ہے وہ قابلِ داد ہے۔ بیگ احساس نے اس افسانے میں ماضی اور حال میں رونما ہونے والے تحریک و رجحانات (سیاسی و سماجی) کو بھی افسانے میں تمثیلی و علامتی انداز میں پیش کیا ہے۔ 'دخمہ' موضوعاتی اعتبار سے نادر تو ہے ہی فنّی اعتبار سے بے حد کامیاب بھی ہے۔ اشارے کنائے کا سہارا لے کر ملکی و بیرون ملکی سیاسی رجحانات تک کی بات افسانے کے متن میں پیش کر دینا کسی معمولی ذہن کا کام نہیں۔ ایسا کام کوئی جینیوئن فنکار ہی کر سکتا ہے، بلاشبہ بیگ احساس اسی قبیل کے فکشن نگار ہیں۔ اور ان کا افسانہ ''دخمہ'' عہد حاضر کے نمائندہ افسانوں کی پہلی صف میں رکھے جانے کے قابل ہے۔

'دخمہ' میں شامل پہلا افسانہ 'سنگِ گراں' ہے۔ اس کے دو مرکزی کردار مونث و مذکر آپس میں محبت کرتے ہیں اور شادی کر لیتے ہیں۔ لڑکے کے پاس اپنا ذاتی مکان نہ ہونے کے سبب وہ شادی کے بعد اپنی شریکِ حیات کو ساتھ نہیں رکھ پاتا۔ جب اسے علم ہوتا ہے کہ اس کی بیوی امید سے ہے، تو یہ خبر سننے کے بعد وہ خوش ہونے کے بجائے کچھ پریشان ہو جاتا ہے اور اسقاط حمل کے لئے اپنی بیوی کو سمجھاتا ہے، حالات کا حوالہ دیتا ہے۔ عورت کی فطرت میں ماں بننا اور ماں بننے کے مراحل سے گزرنا ایک عظیم جزبہ کے مترادف ہے۔ لہٰذا اسقاط حمل کا فیصلہ کسی بھی عورت کے لئے اتنا آسان نہیں ہوتا۔ یہی صورت حال اس افسانے کی عورت کے ساتھ بھی پیش آتی ہیں۔ وہ ماں بننا چاہتی ہے۔ ماں بننے کے فطری احساس سے سرشار ہوتی ہے۔ لیکن اپنے شوہر کی مجبوریوں اور حالات کو پیش نظر رکھتے ہوئے اپنے ضمیر پر ایک بھاری پتھر رکھ کر ہسپتال چلی جاتی ہے، تنہا......اور تنہا خالی ہاتھ واپس گھر لوٹتی ہے۔ سب کچھ کھو کر اپنے وجود سے ایک آنے والی زندگی کو علحدہ کر کے۔ اس افسانے میں عورت کی نفسیات کا بڑی باریکی سے تجزیہ پیش کیا گیا ہے۔ دراصل اس افسانے کا کے ذریعہ صارفیت کے اس دور میں تمام تر

سہولیات کی حصولیابی کے لئے فرد کے اس فطری عمل کو نظر انداز کر دینا جو سب سے زیادہ اہم ہے، کی جانب ایک واضح اشارہ کیا گیا ہے۔ جو انسانی وقا کا عین مقصد ہے۔ آج کا انسان فطری زندگی گزارنے کے بجائے اچھی زندگی کا خواب لئے آسائشوں کے اشیاء کی فراہمی میں اس قدر مصروف ہے کہ اس کی وقا اور شناخت کا ذریعہ ہی ختم ہو جاتا ہے۔ یہی سبب ہے کہ متوسط درجے کا انسان زندگی کے فطری عوامل سے خود کو محروم کر تنہا زندگی گزارنے پر مجبور ہوتا ہے۔

افسانہ 'کھائی' میں تین نسل کی کہانی کو پیش کیا گیا ہے۔ اصل میں یہ افسانہ امیری اور غریبی کے مابین بنی اس کھائی کو پیش کرتا ہے جس میں انسانی ذہن کا بہت دخل ہے۔ اس افسانے کا ایک اہم کردار شوکت میاں ہے جو جاگیردارانہ ذہنیت رکھتا ہے۔ وہ سب کچھ ختم ہونے کے بعد بھی خود کو زمیندار ہی تصور کرتا ہے۔ دوسروں سے بھی یہی توقع کرتا ہے۔ نتیجتاً اسے وہ ساری سہولیات فراہم کرائی جاتی ہیں جس کا وہ عادی تھا۔ اس افسانے کے کرداروں کے نام علامتی معلوم ہوتے ہیں۔ شوکت میاں جاگیرداری کے زوال اور اس کے خاتمے کے بعد بھی شان و شوکت سے رہتا ہے۔ اس کا بیٹا کفایت علی جو حالات کے تحت کفایت شعاری سے زندگی گزارنے پر مجبور ہے۔ اس کی آمدنی بہت قلیل ہے لہذا وہ چادر کی مناسبت سے ہی پیر پھیلانے کا عادی ہے۔ جسے اس کا باپ بالکل پسند نہیں کرتا۔ کفایت علی اپنے والد شوکت میاں کے برعکس ہے۔ لیکن وہ فرمابردار ہے۔ خود روکھا پھیکا کھا کر پھٹے پرانے میں اپنی زندگی بسر کرتا ہے لیکن اپنے والد شوکت میاں کی گالی گلوچ سے بچنے کے لئے ان کے لئے مرغن غذا کا انتظام کرتا ہے۔ تیسرا کردار ہے شہزادہ یہ بھی ایک علامتی کردار ہے۔ جاگیرداری کے خاتمے کے بعد پیدا ہوا شہزادہ خود کو کسی شہزادے سے کم نہیں سمجھتا۔ وہ اسکولی تعلیم کسی طرح حاصل کر عرب ممالک چلا جاتا ہے جہاں سے وہ خوب پیسے کما لاتا ہے۔ اور ایک اعلی خاندان میں بڑی دھوم دھام سے اپنی شادی کرتا ہے۔ اس کے نام کی مناسبت سے اس کا مزاج بھی شاہانہ ہے۔ وہ اپنے دادا شوکت میاں کو بہت عزیز رکھتا ہے۔ لہذا جب شوکت میاں کا انتقال ہوتا ہے تو وہ ان کی نعش کو شہر کے سب سے مہنگے قبرستان میں دفن کراتا ہے۔ کفایت چونکہ شوکت میاں کے وارث تھے۔ انہوں نے اپنے والد کی تدفین کے واسطے محلّے کی قبرستان میں قبر کھودنے کو مزدور کو کہہ دیا۔ لیکن جب شہزادہ والد سے مشورہ کیے بغیر دادا کی نعش کو شہر کے مہنگے قبرستان میں تدفین کراتا تو محلے کے قبرستان میں کھودی گئی قبریوں بے کار ہو جاتی ہے۔ اور جب اس کی مزدوری لینے مزدور گھر آتا ہے تو کفایت صرف قبر کی کھدائی کی رقم دے کر روانہ کرنا چاہتا ہے لیکن مزدور پورے پیسے لینے پر مصر ہے۔ اس ہنگامے کو سن کر شہزادہ باہر آتا ہے اور مزدور کو پورے پیسے دینا چاہتا ہے۔ اس پر کفایت کہہ اٹھتا ہے کہ یہ قبر ہمارے کس کام کی۔ شہادہ اپنے باپ پر جھنجھلاتا ہے کہتا ہے کہ 'یہ اب آپ کے کام آئے گی! 'یہ بات سن کر کفایت علی کا سر چکرا جاتا ہے اور وہ صحن میں رکھی برف کی سل پر گر کر ٹھنڈا ہو جاتا ہے۔ دراصل یہ تفریق نئی نسل کی سوچ و فکر کی بھی ہے۔ جو دوسروں کے سامنے اپنی جھوٹی شان اور عظمت کا ڈھونگ رچتے ہیں اور اپنے سگوں سے خلوص نہیں رکھتے۔ جس کے سبب خون کے رشتوں میں وہ گرمی اور حرارت محسوس نہیں ہوتی۔ خون کے رشتوں کا اس قدر سرد ہو جانا المیہ ہے۔

دراصل یہ افسانہ تین نسلوں کے مابین نسلی اور ذہنی اختلافات کو پیش کرتا ہے۔ شوکت علی، کفایت علی اور شہزادہ۔ یہ تینوں کردار اپنے عہد کی نمائندگی کرتے ہیں۔ شوکت میاں جاگیرداری کے خاتمے پر بھی جاگیردارانہ ٹھسں کے ساتھ زندگی بسر کرتا ہے۔ کفایت درمیانی عہد میں محنت و مشقت کرتا ہوا کفایت شعاری کے ساتھ زندگی کی تمام تر ذمہ داریوں کو انجام دیتا ہے۔ وہ ایک فرمابردار بیٹا بن کر والد کے تمام اخراجات اٹھاتا ہے۔ تو وہیں شہزادہ شاہانہ رکھ رکھاؤ اور تصنّع کا دلدادہ ہے۔ اس طرح اس افسانے میں تین نسل کے نظریاتی تفریق کو تمثیلی رنگ میں پیش کیا گیا ہے۔ عہد جاگیرداری میں اخلاق و مروّت کی پاسداری بھی ہوا کرتی تھی۔ لیکن نئی نسل پیسے تو خوب کما رہی ہے، لیکن ان کے دلوں سے مروّت اور اخلاقی قدریں بالکل ختم ہو گئی ہیں جو کہ نئے دور کا المیہ ہے۔ اس افسانے کا اختتام فکر یہ ہے، اور حیرت انگیز بھی کیونکہ کفایت علی جو تا زندگی محنت و مشقت کرنے کے باوجود ایک اچھی زندگی نہ جی سکا۔ تو دوسری جانب شوکت میاں اور ان کا پوتا شہزادہ کئی برائیوں کے باوجود ایک خوشحال زندگی گزارتے ہیں۔ یہ ایک سوال ہے۔ ہمارے معاشرے میں اکثر و بیشتر دیکھنے میں آتا ہے کہ شریف اور نیک انسان کو کئی قسم کی ذلت برداشت کرنی پڑتی ہے جبکہ رعب دبدبے والے انسان کو لوگ ان کے عیوب سے واقف ہونے کے باوجود ان کی جی حضوری کرتے نظر آتے ہیں۔

اس مجموعے میں دو افسانے 'دھار' اور 'چکرویو' فرقہ واریت کے موضوع پر مبنی ہیں۔ افسانہ 'چکرویو' دھرت راسٹر اور سنجے کی مکالماتی فضا میں پروان چڑھتا ہے۔ علامتی انداز میں کی گئی گفتگو افسانے کی کہانی کو آگے بڑھاتے ہیں۔ افسانہ نگار نے تمثیل کا سہارا لے کر گجرات فسادات کی اتنی واضح تصویر کشی کی ہے جسے پہلی قرت میں ہی سمجھا جا سکتا ہے۔ کانگریس کے سابق ایم پی احسان جعفری کے مکان کا حصار، لوٹ پاٹ، ان کی بے بسی اور پھر دردناک موت کو افسانہ نگار نے بڑے ہی ڈرامائی انداز میں بیان کیا ہے۔ اس کے ساتھ ساتھ عہد حاضر کے سیاسی رویّوں، اکثریت کا اقلیتوں (مسلمانوں) پر ظلم و استبداد کا کھلا اظہار جس طرح گجرات میں ہوا اس کی لفظی تصویریں اس افسانے میں پیش کی گئی ہیں۔

افسانہ 'سانسوں کے درمیاں' انسانی رشتوں کی پامالی اور تصنّع پر مبنی ہے۔ یہ انسانی جزبات کی ابھرتی ڈوبتی کہانی ہے۔ سانس پہ آس اور آس پر سانسوں کا دارومدار ہوتا ہے۔ سانس کے رکتے ہی سارے رشتے ختم ہو جاتے ہیں۔ دوسرے لفظوں میں سانسوں سے مراد پیسوں کے ہیں، کہ جب پیسے انسان کے پاس نہیں ہوتے تو تمام رشتے ناطے سب پرائے لگنے لگتے ہیں۔ سانسوں کا زندگی کے ساتھ جو ناطہ ہوتا ہے، وہی ناطہ پیسوں کا اخلاق کے ساتھ ہوتا ہے۔ اس افسانے میں افسانہ نگار نے بڑے ہی فنکارانہ انداز میں اس حقیقت سے باور کرایا ہے کہ جب انسان کے پاس پیسے ہوتے ہیں تو تمام رشتے ناطے والے کس قدر قریب معلوم ہوتے ہیں۔ پیسوں کے ختم ہوتے ہی سبھی اپنا دامن بچا

کر پرے ہٹ جاتے ہیں۔جس طرح افسانے میں مریض کی عیادت کے بہانے فائیو اسٹار ہوٹلوں جیسے ہاسپٹل میں رشتے داروں کی دعوتیں ہوا کرتی تھیں،اور جوں ہی پیسے ختم ہونے لگے عیادت تو دور لوگ اپنی مصروفیت کا بہانہ بنا کر خیریت بھی معلوم کرنے سے کترانے کرنے لگے کہ کہیں پیسوں کی مانگ نہ ہو جائے۔غرض یہ کہ انسان کی جسم میں جب تک سانسیں چلتی رہتی ہیں تمام رشتے ناطے داروں سے جڑاؤ بنا رہتا ہے۔جیسے ہی سانس رکی روح فنا ہوئی،اس نعش کو جلد از جلد دفن کر لوگ فارغ ہونا چاہتے ہیں۔بس یہی کیفیت ہے سانس اور پیسوں کے پاس رہنے کی۔سانس باقی ہو اور پیسے پاس ہوں تو ساری دنیا اپنی اور نہ ہو تو سبھی ناطے ختم۔زندگی کی اس تلخ حقیقت کو بیگ احساس نے کنائے کا سہارا لے کر بڑی خوبصورتی کے ساتھ پیش کیا ہے۔

افسانہ 'نجات' ایک نفسیاتی کہانی ہے۔اس کا مرکزی کردار فرحان ہے،جو گلف میں نوکری کرتا ہے۔شادی کے بعد اچانک وہ نوکری چھوڑ واپس چلا آتا ہے۔وجہ یہ ہوتی ہے کہ اس ملک میں کچھ انڈر ورلڈ کے لوگ اسے سکون سے رہنے نہیں دیتے۔جس کی پاداش میں فرحان کو ملک لوٹنا پڑتا ہے۔دراصل اس فسانے کے ذریعہ افسانہ نگار نے اس اذیت کو بے نقاب کیا ہے جو گلف ممالک سے واپس آئے ہوئے لوگوں کا اپنے ملک میں سیٹ نہ کر پانے کے سبب ہوتا ہے۔وہاں اچھی سیلری،تمام سہولیات کے عادی ہو چکے افراد کم پیسوں اور معمولی سہولیات میں کام کرنے کے لئے ذہنی طور پر تیار نہیں ہوتے اور نتیجتاً ان کی زندگی اجیرن ہو جاتی ہے۔نتیجے میں ایسے افراد اپنے ساتھ ساتھ اپنے خاندان کے دوسرے افراد کو بھی ذہنی کشمکش میں مبتلا کر دیتے ہیں۔

'دھار' بھی ایک نفسیاتی افسانہ ہے۔جیسا کہ قبل ذکر آ چکا ہے کہ افسانہ 'دھار' اور 'چکرویو' دونوں سیاسی نوعیت کے افسانے ہیں۔'دھار' میں قومی اور بین الاقوامی سطح پر مسلمانوں کو جس صورتِ حال سے دوچار ہونا پڑ رہا ہے اس کو تمثیلی انداز میں بیان کیا گیا ہے۔

'شکستہ پر' یہ افسانہ عورت کی نفسیات اور رشتوں کی نزاکت پر مبنی ہے۔ایک ہی رشتہ کہیں قابلِ احترام تو کہیں قابلِ رشک اور بعض اوقات مشکوک بھی ہو جاتا ہے۔افسانے کا مرکزی کردار سشما ہے۔سشما ایک شادی شدہ عورت ہے اس کی شادی بہت ہی کم عمر میں اس کی مرضی اور پسند کے خلاف جبراً کرا دی جاتی ہے۔یہی سبب ہے کہ اس کا بہت جلد طلاق بھی ہو جاتا ہے۔جب سشما اپنے عاشق سمیر سے دس بارہ سال بعد ملتی ہے تو دونوں شادی کر لیتے ہیں۔سشما کو پہلے شوہر سے ایک گیارہ سال کی لڑکی ہے سمن۔جب سشما سمیر سے شادی کر لیتی ہے تو اس کے والدین سمن کو سشما کے پاس رہنے کو چھوڑ آتے ہیں۔شروع میں سمن گم صم رہا کرتی تھی لیکن تھوڑے دنوں میں ہی سمیر (سوتیلے باپ) سے بے تکلف ہونے لگتی ہے۔کہانی میں ایک نفسیاتی موڑ تب آتا ہے جب سمن خود کو اپنی ماں سے موازنہ کرنے لگتی ہے۔بات بات میں اس کے کاموں میں نقص نکالنا،اس کے پسندیدہ لباس کو پہن لینا،جسمانی ساخت میں موازنہ کرنا،سمیر سے باپ کے بجائے دوستوں سا سلوک کرنا اور سشما کے کاموں میں ہاتھ نہ بٹانا وغیرہ وغیرہ۔اس کے ان رویّوں سے سشما پریشان رہنے لگتی ہے اسے محسوس ہونے لگتا ہے کہ وہ تھک رہی ہے اب وہ سمیر کا ساتھ نہیں دے پا رہی اور اس کی جگہ.....؟؟؟ایک دن جب غصے میں سمن کہیں چلی جاتی ہے تو سشما مطمعن انداز میں سمیر کو کہتی ہے:

''ایک آدھ دن میں خود ہی پتہ چل جائے گا۔ہم ڈھونڈھیں گے نہیں۔''

افسانہ 'نمی دانم' میں خانقاہ کی زندگی اور وہاں شب و روز رونما ہونے والے واقعات کو پیش کیا گیا ہے۔یہ افسانہ دراصل اندھی عقیدت اور اوہام پرستی پر مبنی ہے۔افسانہ 'رنگ کا سایہ' علاقائی فرقا باریت پر مبنی ہے۔اس افسانے میں ریاستِ حیدرآباد میں مسلمانوں کے اقتدار کے خاتمے کے بعد جو صورتِ حال پیدا ہوئیں اس کا خامیاضہ عام اور متوسط طبقے کے مسلمانوں کو اٹھانا پڑا۔حیدرآباد کے مسلمانوں پر پولیس نے جس طرح ظلم کئے اس کی بھی تصویریں اس افسانے میں موجود ہیں۔پولیس کے خوف سے متوسط طبقے کے مسلم نوجوان دربدر ہو گئے،تعلیم حاصل نہ کر سکے۔جس کے سبب سرکاری مراعات تو دوران کو ان کے گھر سے بے دخل تک کر دیا گیا۔اس حقیقت کو افسانہ نگار نے بڑے ہی حسن فن کے ساتھ افسانے کے پیرائے میں پیش کیا ہے۔

افسانہ نگاری کا فن چاول پر قل ھو واللہ لکھنے کے مترادف ہے۔اس میں وہی فنکار کامیاب ہو سکتا ہے جسے معاشرے کے نبض کا اندازہ ہو۔تاکہ وہ اس نبض کی سرسراہٹ کو محسوس کرتے ہوئے اپنے مافی الضمیر کو بیان کر سکے۔اس معاملے میں بیگ احساس بڑے ہی چابک دست اور ماہر نباض فکشن نگار ثابت ہوئے ہیں۔بیگ احساس کا کمال یہ ہے کہ انہوں نے بڑے سے بڑے اور اہم سے اہم مسئلے چاہے وہ سیاسی ہوں یا مذہبی یا کہ معاشرتی اشارے کنائے کا سہارا لے کر اس خوبصورتی سے پیش کر جاتے ہیں کہ بات بھی کہہ دی گئی اور بات بگڑی بھی نہیں۔

بیگ احساس کے افسانے موضوعاتی اور تکنیکی دونوں سطح پر نہ صرف ندرت کے حامل ہیں بلکہ کامیاب بھی ہیں۔ان کی زبان دکنی آمیز ضرور ہے،لیکن دکنیت حاوی معلوم نہیں ہوتی۔وہ نہایت سلیس و رواں دواں زبان استعمال کرتے ہیں۔یوں تو ان کے زیادہ تر افسانے ریاست حیدرآباد کو مرکز میں رکھ کر ہی لکھے گئے ہیں مثلاً وہاں کی تہذیب و ثقافت،مسلم متوسط طبقے کی زندگی کے ساتھ ساتھ حیدرآباد کے جاگیرداری کی الٹی ہوئی بساط اور اس کے وجوہات وغیرہ کی عکاسی ان کے افسانوں میں موجود ہیں۔

بیگ احساس کو کردار نگاری پر عبور حاصل ہے۔ان کے پیش کردہ کردار افسانوی یا داستانوی نوعیت کے نہیں ہوتے بلکہ حقیقی دنیا سے تعلق رکھنے والے ہوتے ہیں۔جو نہ بالکل فرشتے ہیں اور نہ ہی شیطان کی برادری کے بلکہ عام انسانوں کی طرح جیتے جاگتے گوشت پوشت کے ہوتے ہیں جن میں زندگی کی حرارت اور شرارت سبھی موجود ہیں۔دوسرے لفظوں میں ہم یہ کہہ سکتے ہیں کہ ان کے پیش کردہ کردار معتدل ہوتے ہیں ان میں لچک اور زندگی کی رمق موجزن ہوتی ہیں۔بیگ احساس اس طرح کے کرداروں کو خلق کر اپنے مافی الضمیر کو پیش

کرنے میں کامیاب ہوتے ہیں۔ان کے افسانوں کے پلاٹ سیدھے سادے ہوتے ہیں واقعات کی ترتیب اور ارتقاء ماجرا میں ربط و تسلسل اور روانی ان کے ہر افسانے میں دیکھنے کو ملتی ہے۔مجموعی طور پر ہم یہ کہہ سکتے ہیں کہ بیگ احساس کے افسانے فنی طور پر بے حد کامیاب ہیں۔ایک اہم بات جو موصوف کے افسانوں کے مطالعہ کے بعد دیرپا اثر ذہن پر چھوڑ جاتی ہے وہ ان کے افسانوں کا حزنیہ اختتام ہے۔بیگ احساس بسیار نویس نہیں ہیں۔لیکن انہوں نے جو بھی لکھا ہے تنقیدی کسوٹی پر پرکھ کر سلیقے سے لکھا ہے۔ان کا تنقیدی شعور بہت بالیدہ ہے۔یہی سبب ہے کہ ان کے استاذِ گرامی پروفیسر گیان چند جین نے انھیں 'ڈبڈ ہا افسانہ نگار' کے لقب سے نوازا ہے۔

نئے افسانے کی بیانیات

ڈاکٹر مولا بخش
(دہلی، بھارت)

بیگ احساس نے ۱۹۷۱ء میں اپنی پہلی کہانی لکھی تھی۔ یہی وہ عہد تھا جب جدیدیت زدہ نقاد جدیدیت سے متاثر متن کو سراہتے تھے اور ترقی پسند نقاد یہ ثابت کررہے تھے کہ جدیدیت کوئی چیز نہیں ہے۔ گویا بیگ احساس نے اس دور میں لکھنا شروع کیا جب ذاتی علامتوں، گونگے استعاروں سے مسخ شدہ نثر میں افسانے لکھے گئے۔ افسانوں کا ریل پیل تھا جس میں کہانی پن کو غیر ضروری فرض کرلیا گیا تھا۔ اسی طرح کے افسانوں کے خاتمے کے دہانے پر ان کا پہلا افسانوی مجموعہ ''خوشۂ گندم'' (۱۹۷۹ء) شائع ہوا تھا۔ اس کے ٹھیک چودہ سال بعد دسمبر ۱۹۹۳ء میں ان کا دوسرا افسانوی مجموعہ ''حنظل'' شائع ہوا جس میں صرف ۱۴ افسانے بہ عنوان ''پناہ گاہ کی تلاش''، ''میوزیکل چیئر''، ''کرفیو''، ''اجنبی اجنبی''، ''ملبہ''، ''سوا نیزے پہ سورج''، ''بے سورج''، ''آسماں''، ''نیا شہسوار''، ''خش آتش سوار''، ''حنظل''، ''برزخ'' اور ''آسماں بھی تماشائی'' ہیں۔ اس مضمون میں مجموعی اعتبار سے بیگ احساس کے فنی نکات پر روشنی ڈالی جائے گی اور چند افسانوں کا تجزیہ پیش کیا جائے گا۔

بیگ احساس کا افسانوی متن کسی باہری سردی گرمی، ہنگامی موضوعات اور تقاضے سے متاثر ردعمل والی تحریر بہرصورت نہیں ہے۔ ان کے افسانوں میں یہ معنی بھی پوشیدہ ہے کہ وہ اپنے متن کو حتمی Original (طبع زاد) نہیں سمجھتے کیونکہ انہیں معلوم ہے کہ طبع زاد، اصلی وغیرہ کا تصور مبالغہ آمیز حد تک دعوے ہیں اور وہ خود اس کا اعتراف کرتے ہیں کہ:

''باتیں اگر دہرائی نہ جایا کریں تو اب تک سب ختم ہوچکی ہوتیں۔'' (حضرت علیؓ)

یہ قول انہوں نے اپنے افسانوی مجموعے 'حنظل' کے شروع کے صفحہ پر نقل کیا ہے اور یہیں پر بیگ احساس کی کشادہ ذہنی کا پتہ چل جاتا ہے اور یہ بھی کہ مصنف کی اصلی پوزیشن کیا ہے اور کس طرح سے ماقبل بے شمار متون کے شعوری یا غیر شعوری مدد سے کوئی نیا متن تیار ہوتا ہے۔ ایسے میں ''طبع زاد''، ''اصل'' کا تصور کتنا غیر سائنسی معلوم ہوتا ہے۔ غالب کو پڑھیں تو خود غالب اور ان کے نقادوں کو میر یاد آجاتے ہیں۔ سریندر پرکاش کو پڑھئے تو پریم چند جی اٹھتے ہیں۔ انتظار حسین کے افسانے قدیم دیومالا کا لباس پہن کر سامنے آجاتے ہیں۔ عابد سہیل کا ''عیدگاہ'' پریم چند کی یاد دلاتا ہے۔ حسین الحق کا افسانہ ''گمشدہ استعارہ، باغ و بہار کی یاد دلاتا ہے۔ مشرف عالم ذوقی کا افسانہ ''بیٹا باپ'' راجندر سنگھ بیدی کی یاد دلا دیتا ہے۔ اس طرح مظہر الزماں خاں اور کئی ایک افسانہ نگاروں کے یہاں یہ عمل دیکھنے کو ملتا ہے۔ بیگ احساس کے یہاں بھی بین المتونی انداز کا فن کارانہ استعمال ہوا ہے۔ ''برزخ'' پڑھ کر ویدانت کے مایا سے متعلق قصے جاگ اٹھتے ہیں۔ اصحاب کہف کے واقعے میں نئے معنی پیدا ہونے لگتے ہیں۔ ''ملبہ'' پڑھتے ہی مولانا آزاد کا غبار خاطر یعنی اسی میں پیش کردہ ''چڑا چڑے'' کی کہانی سامنے آتی ہے۔ مگر مفہوم میں کتنا فرق پیدا ہوجاتا ہے۔ بیگ نے ''خس آتش سوار'' میں قدیم ہندوستانی تہذیب اور ویدانت کے فلسفے کو موجودہ متن کا حصہ بناکر آج کی حسیت سے جوڑ کر دیکھا ہے۔ یہ کہنا کہ بیگ احساس کے یہاں مابعد جدید حسیت کی بھرپور عکاسی ملتی ہے کا مطلب یہ نہیں کہ وہ اسی وجہ سے ایک قابل ذکر افسانہ نگار کہے جاسکتے ہیں بلکہ وہ اس لیے قابل ذکر افسانہ نگار ہیں کیونکہ انہوں نے اپنے متن میں نئی سچائیوں کو پیش کی کوشش کی ہے۔

مذکورہ بالا نکات یہ بتاتے ہیں کہ جب ہم کسی متن کو پڑھیں تو مصنف کے حالاتِ زندگی کو پڑھنے کے بجائے اس شعریات، اس ادبی تہذیب پر نگاہ رکھیں جس کے بے شمار ریشوں نے اس متن کو بنانے میں حصہ لیا ہے۔ یہ عمل قاری کو منشائے مصنف کے حصار سے باہر نکال دیتا ہے اور قاری اس متن کو ازسرِ نو لکھنے کے عمل سے جڑ جاتا ہے۔

افسانوی مجموعہ ''حنظل'' کے مطالعے سے کم سے کم پہلا تاثر جو قائم ہوتا ہے وہ یہ کہ بیگ احساس ان کہانی کاروں سے الگ ہیں جو دھوئیں کے مرغولے بناتے ہوئے گہرے سوچ میں ایسے گم رہتے ہیں جیسے وہ آئن سٹائن ہوں اور جو کچھ انہوں نے لکھا ہے وہ مکمل طور پر ان کی ایجاد ہے۔ وہ چاہیں تو کہانی جہاں چاہیں ختم کردیں اور جہاں چاہیں کرداروں کو موت کے گھاٹ اُتار دیں۔ بیگ احساس ایسے کہانی کاروں کو اس مجموعے کے پہلے افسانے ''پناہ گاہ کی تلاش'' میں کرداروں کے سامنے لا کھڑا کرتے ہیں۔ حد تو یہ ہے کہ وہ خود بھی یہاں موجود ہیں اور پھر مصنف اور کردار میں وہ مکالمہ ہوتا ہے جس میں مصنف کی ساری ہیرا پھیری اور گھپلے کھل کر سامنے آجاتے ہیں۔

افسانہ ''پناہ گاہ کی تلاش'' کا مرکزی تصور، فن میں سچائی کو پیش کرنے کا مسئلہ ہے۔ فکشن میں سچ بولنا ایک مشکل مرحلہ ہے۔ یہ افسانہ کچھ اس طرح شروع ہوتا ہے:

''وہ کریہہ منظر کینوس پر ابھر رہا تھا۔''

''گدھوں سے ڈھکا آسمان، خون کی بارش، سرخ پانی کے دریا، جلتی لاشیں، عبادت گاہوں پر خون کی چھینٹیں، مقدس کتابوں کی ادھ جلی جلدیں، بکھرے صفحات، جوان عورتوں کی لاشیں، برہنہ داغدار جسم، کتنا خطرناک منظر ہے۔''

اس افسانے میں مونتاژ اور تصویری کولاژ کی تکنیک سے کام لیا گیا ہے۔ یعنی گدھوں سے ڈھکا آسمان۔ Cut۔ خون کی بارش۔ Cut وغیرہ۔ دوسری اہم بات افسانے کا پہلا جملہ جو سادہ جملہ ہے، میں واحد متکلم کے صیغے کے بجائے واحد غائب کا صیغہ استعمال کیا گیا ہے۔ ''میں'' یعنی واحد متکلم کا صیغہ راوی سے متعلق ہوتا ہے جب کہ ''وہ'' واحد غائب کا رشتہ ''کردار'' سے ہوتا ہے۔ اگر یہ

صحیح ہے تو منظر ہی یہاں کردار ہے۔موجودہ دنیا میں ہونے والے قتل وفساد کا منظر، مندرجہ بالا مونتاج میں محسوس کیا جاسکتا ہے۔اس منظر کا جبر اور خوف اس قدر طاری ہے کہ یہ مناظر ہی کردار کی طرح پڑھنے والے کے ذہن پر چھا جاتے ہیں۔ یہ ایک سچائی تھی جسے فن کار نے کینوس پر نمایاں تو کیا تھا لیکن ''گھبرا کر'' سے مراد ڈر کر پھر اسے فن کار نے مٹا دیا اور جیسے ہی فن کار نے کتابوں میں اپنا غم غلط کرنا چاہا۔کردار کتاب سے نکل کر اس سے مکالمہ شروع کر دیتے ہیں۔کردار مصنف کو جھوٹا بتاتے ہیں اور مصنف سچ بولنے کا دعوی کرتا ہے۔کردار مصنف کو گفتار کے غازی بتاتے ہیں نیز عمل سے کوسوں دور بتاتے ہیں کیونکہ مصنف نے سچ کو چھپایا ہے۔اس میں اتنی ہمت نہیں کہ وہ سچ کا سامنا کر سکے یعنی اس میں کنفیشن کی بھی جرأت نہیں۔نتیجتاً معاشرے میں قتل وخون اور بڑھتا ہے اور پورے شہر میں آگ لگ جاتی ہے۔کردار بے گھر ہو جاتے ہیں اور خدا کو ڈھونڈھنے نکلتے ہیں۔

''یہ خدا کہاں ہے۔ بے گھر کرداروں نے ایک دوسرے سے پوچھا'' آؤ تلاش کریں۔

کرداروں نے خدا کی لاش کو ایک کنوئیں میں تیرتے دیکھا اور چلا پڑے:

خدا مر گیا---ہاں مر گیا---ہمارا خدا مر گیا

مصنف--- ٹھہرو--- تمہارا خدا مر گیا لیکن میں ''تم'' ہو گیا ہوں۔

کردار--- ہم خدا کے بغیر ہی جی لیں گے۔ چلو کسی کتاب میں پناہ ڈھونڈھیں۔

پورا افسانہ Critificational Discourse بن گیا ہے۔

یعنی فکشن کا فن اس میں پیش کردہ سچائی کی رو سے سوالیہ نشان بن گیا ہے۔ یہاں خدا کی موت، مصنف کی موت وغیرہ کا محاورتاً ذکر سے ثابت ہوتا ہے کہ ہمارا معاشرہ اپنے فرض سے، اپنے کام سے، اپنے فن سے کتنا سرسری رشتہ رکھتا ہے۔ معاشرے میں جرائم کی وہ صورتیں نمودار ہوئی ہیں کہ لوگوں کا خدا پر سے ایمان اٹھتا ہوا سا محسوس ہو رہا ہے۔ یہاں خدا مر گیا یا خدا کی موت کا فقرہ اسی صورت حال کا استعارہ ہے۔ فنی وفکری اعتبار سے اس افسانے کو اردو کے بہترین افسانوں کی صنف میں رکھا جانا چاہیے۔ اس افسانے کا ایک ایک جملہ افسانے کے لیے ضروری معلوم ہوتا ہے۔ اگر اس افسانے میں سے جملے نکالنے کو کہا جائے تو میں صرف خط کشیدہ جملہ ''کتنا خطرناک منظر ہے'' کو نکال دوں۔ شروع کے جملے میں جس دہشت انگیز مناظر کو پیش کیا گیا ہے، اس کے بعد مصنف کا یہ کہنا کہ کتنا خطرناک منظر ہے غلط تو نہیں۔ البتہ قاری کے ردِ عمل کو اپنے ہاتھ میں لینے کے برابر ہے۔ کیونکہ شروع کا جملہ بتاتا ہے کہ منظر کریہہ ہے اور کینوس پر ابھر رہا ہے۔ خطرناک اور کریہہ دو طرح کے بیان ہوئے اس سے نثر کی قطعیت مجروح ہوئی ہے۔ جب فلم کی تکنیک کا استعمال کیا گیا تو ہے اس کے تقاضے کو ملحوظ رکھنا تھا۔ مونتاج نما جملوں سے قاری کے ذہن میں جو Images بن رہے تھے اور جس ناقابل بیان صورتِ حال سے قاری دوچار ہو رہا تھا، اس کے بعد مصنف کا یہ بیان کہ کتنا خطرناک منظر ہے صورتِ حال کو محدود کر دیتا ہے۔ یہ ایک ایسا فنی جھول ہے جو افسانے پر بظاہر کوئی اثر بھی نہیں ڈالتا مگر کلوز ریڈنگ کے وقت اس امر پر دھیان ضرور جاتا ہے۔ تاہم واقعہ یہ ہے کہ یہ اردو کا ایک اہم افسانہ ہے۔ یہ افسانہ بیگ احساس کے فنی امتیازات پر بھی روشنی ڈالتا ہے۔ نیز فن اور فنکار کے رشتے پر بھی۔ اس افسانے کو پڑھنے کے بعد پتہ چلتا ہے کہ افسانے کے فن سے متعلق، متن، مصنف، قاری سے متعلق ان کا تصور نہ سماجی/ مارکسی تنقید کی غمازی کرتا ہے نہ اس تصور سے قریب ہے، جس میں متن کو ہی سب کچھ سمجھ لیا جاتا ہے۔ یہاں وہ جدید ترین تصور ادب سے جڑے معلوم ہوتے ہیں جہاں قرأت اور قاری کی اہمیت کو مسلم مانا گیا ہے اور مصنف کو تہذیبی عمل کا حساس رکن مانا گیا ہے--- (واضح رہے کہ کرشن چندر پر ان کا کام ہے اور وہ افسانے کی تخلیق اور تنقید دونوں سے رشتہ رکھتے ہیں)۔

بیگ احساس کا بیانیہ اس دور کے بیانیے سے دور ہے، جس میں علت و معلول کا پہلو یعنی (Cause and effect) حاوی تھا۔ بیان کرنے والا ہمیشہ ''میں'' ہی ہوتا ہے مگر ''میں'' کو اکثر ''وہ'' میں بدل کر کہانی بیان کی جاتی ہے۔ چونکہ جدیدیوں نے صرف ''میں''، ''میں'' کی وضاحت چاہی تھی، اس لیے واحد متکلم کا صیغہ ان کو بھا گیا تھا۔ یہ صیغہ وجودی محرکات کا تابع ہوتا ہے اس لیے بجائے ادبی ہونے کے فلسفیانہ ہوتا ہے جب کہ یہ حقیقت سب پر عیاں ہے کہ فلسفہ ہے اور ادب ادب۔ بیگ احساس ''میں''، ''میں'' سے زیادہ واحد غائب کے صیغے سے دلچسپی رکھتے ہیں۔ اس لیے ان کا بیانیہ جدید بیانوں سے قریب ہے اور ادبی ہے۔ ان کا بیانیہ ہمہ دان بیانیے سے جڑا ہوا ہے جسے Omnicent Narrative کہا جاتا ہے۔ اس میں راوی عین شاہد کی حیثیت اختیار کر لیتا ہے اور کردار تکلمی اشارہ یعنی Ultering Instance بن جاتا ہے اور افسانے میں واقعیت کا احساس زیادہ ہوتا ہے۔ قدیم تنقید، کردار کو ایک زندہ فرد سمجھتی تھی اور متنی سیاق وسباق سے کردار کو الگ کر کے دیکھتی تھی۔ اب کرداروں کی تلاش بیانیے میں تلاش کرنے پر زور اسی لیے ہے کہ متن اور متن کی لسانی ساخت میں ہی کردار کا وجود ہوتا ہے۔ یعنی کردار ایک طرح کی زبان ہی ہیں یا ایک تصور ہی تو ہیں مثلاً قدیم متون میں یہ نیکی اور بدی کے روپ میں تھے اور اب نئے انسان کے تصور کے روپ میں جہاں انسان میں یہ دونوں پہلو موجود ہوتے ہیں۔ اس لیے کرداروں کو ہیرو اور ویلن کے روپ میں تقسیم کر کے نہیں دیکھا جاسکتا۔

عنوان ''پناہ گاہ کی تلاش'' کو ''پناہ گاہ'' اور ''اس کی تلاش'' دو حصوں میں بانٹنے مصنف نے عنوان کا خوبصورت استعمال کیا ہے۔ دراصل پناہ گاہیں موجود ہیں مگر اس کی تلاش کے لیے ہمیں پہلے سچ کا سامنا کرنا پڑے گا۔ یہاں کسی کردار کا کوئی نام نہیں کیونکہ تلاش، منظر وغیرہ اس افسانے کے کردار ہیں۔ دراصل اس کہانی میں نان کیرکٹرانامیت بے چہرگی کا ماحول پیدا کر کے صحیح کردار سازی کی بحث اٹھائی گئی ہے۔ پناہ گاہ کی تلاش پڑھتے ہوئے جوگندر پال کی وہ

کہانیاں یاد آگئیں جن میں انہوں نے کیریٹی فکشن کا زیادہ استعمال کیا ہے۔

بیگ احساس کے افسانوں میں عمل انطباق سے خاطر خواہ کام لیا گیا ہے یعنی بیگ اکثر دو مختلف واقعات کو یکجا کرتے ہیں اور کہانی میں معنوی گہرائی پیدا کردیتے ہیں۔اسے متوازیت کا فن بھی کہا جاتا ہے۔اسکرین پلے کا انداز بھی ان کی کہانیوں میں پایا جاتا ہے لیکن یہ محض اسکرین پلے کا ہی انداز نہیں ہے کیونکہ پلے میں ایک واقعے کو دوسرے واقعے سے جوڑنے کے لیے اشارے کی ضرورت ہوتی ہے۔طارق چھتاری اس انداز کو منظری اسلوب کہتے ہیں۔اسی تکنیک سے بیگ احساس کی کہانیوں میں مصنف کی سوچ منظر کے ذریعے ابھارنے میں مدد ملتی ہے۔مثال کے طور پر ہم پناہ گاہ کی تلاش کے علاوہ ان کے کئی ایک کہانیوں کو پیش کرسکتے ہیں۔پناہ گاہ کی تلاش میں موضتاج کی شکل میں جو جملے نقل کیے گئے ہیں اور جس طرح منظر کو کردار بنایا گیا ہے،ان مناظر میں مصنف نے اپنی سوچ کو کس طرح ابھارا ہے بتانے کی ضرورت نہیں۔

بیگ احساس، کہانی پن یا افسانویت پیدا کرنے کے لیے بین المتنیت کی فضا پیدا کرتے ہیں۔یعنی ایک کہانی کو دوسری کہانی پر منطبق کرتے ہیں۔ زیر بحث افسانوی مجموعہ ''حنظل'' میں محض بیانیہ کی واپسی ہی نہیں ہوئی ہے بلکہ یہاں بیانیہ کی تخلیقی کاری گری کے ثبوت بھی ملتے ہیں۔کہانی پن یا کہانی کی واپسی سے مراد کسی ڈائجسٹ کا کہانی پن نہیں جسے اسکولی بچے پڑھ کر لطف اندوز ہوتے ہیں۔میرے نزدیک تو کہانی پن سامنے کے واقعات میں چھپی کہانی کو پڑھ لینے کا نام ہے۔بیگ اس رمز سے حتی الامکان واقف ہیں۔مثالیں آگے آئیں گی۔ بیگ احساس کا بیانیہ لینڈ اسکیپ میں نہیں کھوتا کیونکہ وہ اس کے تاثر کو بیان کرنے میں یقین رکھتے ہیں۔ان کے افسانے کے قاری افسانے پڑھنے کے بعد کچھ نہ کچھ ذہن میں ضرور محفوظ کرلیتے ہیں کیونکہ وہ اجتماعی حافظے سے اپنے متن کی تعمیر کرتے ہیں۔مثلاً کچھ جملے، کچھ کردار، کچھ مناظر اجتماعی حافظے کا تلازمہ بن جاتے ہیں۔ ان کا افسانہ ''برزخ'' پڑھیے تو بہت کچھ یاد آتا ہے اور ان کا یہ جملہ یاد رہ جاتا ہے۔ سر دست جملے دیکھیں۔وقت کے فلسفے پر اب تک کی بحثوں کی یاد تازہ ہوجاتی ہے:

''موت سے خوف؟''اس نے قہقہہ لگایا۔''ہم زندہ ہوتے ہیں تو موت نہیں ہوتی اور جب موت ہوتی ہے تو ہم زندہ نہیں رہتے۔اس لیے موت نہ زندوں کے لیے خوف کا موجب ہونی چاہیے نہ مردوں کے لیے... زندوں کے لیے اس کا وجود نہیں اور مرے ہوئے خود وجود نہیں رکھتے۔'' (''برزخ'' ص:۱۰۳)

فکشن کی نثر کا آہنگ منتشر آہنگ کی متقاضی ہے۔اس لیے فکشن کی نثر میں یکسانیت بڑا عیب ہے۔ بیگ، تقاضے کے اعتبار سے شاعرانہ، تیکھے، طنز آمیز، شگفتہ اور تازہ جملے لکھتے ہیں۔جملے مربوط ہوتے ہیں۔افعال، تلمیح، محاورے کے ذریعے نثر میں بلاغت پیدا کرتے ہیں اور اختصار کے حسن سے اپنا رشتہ جوڑ لیتے ہیں۔بعض مناظر، اشیا کے بیان کے لیے تمثیلی انداز اختیار کرکے تفہیم و ترسیل کے راستے فنی انداز میں ہموار کرتے ہیں۔ طے شدہ پلاٹ، سوچے سمجھے انجام سے گریز کرتے ہیں۔ان کے افسانوں میں تجریدیت کا کہیں کہیں عیب کی حد تک اثر ہے مگر بعض مقامات پر انہوں نے ابہام کو بصری پیکروں کے ذریعے واضح کردیا ہے۔اس طرح وہ تصویری کولاژ بنا کر افسانے کی نثر کو چمکا دیتے ہیں۔

وہ فورتاز Fortage یعنی شاعرانہ وجدان سے ناک کے برابر کام لیتے ہیں۔کیونکہ انہیں معلوم ہے کہ افسانہ بہرصورت نثر میں ہی لکھا جاتا ہے۔اسی لیے ان کے یہاں Prosaic Sensibility کا احساس زیادہ ہوتا ہے۔یہی وجہ ہے کہ ان کے افسانے وجودیت کے فلسفے کی تشریح نہیں لگتے یعنی philosophy of crisis کا اثر ان کے افسانے پر نہیں۔وہ اکثر بائیں دماغ یعنی اکتسابی علوم سے کام لینے کے بجائے دائیں دماغ یعنی اسطوری فضا سے کام لیتے ہیں۔وہ جانتے ہیں کہ اسطور فنون کا منبع ہے۔ان کے یہاں عصری مسائل کا خوبصورت اظہار ہوا ہے۔مثلاً پناہ گاہ میں یا ''آسمان بھی تماشائی'' میں مسلمانوں کی شناخت وغیرہ سے متعلق مسائل کی بحث ہی نہیں اٹھاتے بلکہ واقعات کی ظاہری سطح کو پیش کرتے ہوئے اسے روح عصر کے منظرنامے سے جوڑ دیتے ہیں۔لسانی تشکیلات سے ٹائٹل کہانی ''حنظل'' میں خوب کام لیا گیا ہے اور حنظل بڑی حد تک ابہام کا شکار بھی ہوا ہے۔اس کہانی میں تہذیبی تشخص کے مسئلے کو مرکز میں رکھا گیا ہے۔اس میں کئی ایک تہذیبی نشانات والی ساختوں کا استعمال کیا گیا ہے مثلاً پھل ایک اسطوری ساخت ہے۔''درخت'' ارتقائی ساخت ہے وغیرہ۔ان افسانوں میں سیاسی امور زیر سطح پر ضرور ہیں کیونکہ آج کا ادب سیاسی جبر سے آزاد نہیں ہے۔

آج کے افسانوں میں بعض مقامات پر Crude Realism سفاک حقیقت نگاری کے نمونے ملتے ہیں۔مثلاً افسانے ''کرفیو'' میں ایک مرد کے ساتھ تنہا عورت کا منظر ''اجنبی اجنبی'' میں ایس کے صدیقی کا اپنے بیوی سے کاروباری رشتہ، اور اس کے احساس سے نیم مردہ صدیقی ''سوا نیزے پہ سورج'' (قیامت کا استعارہ ہے) ایک سفاک حقیقت ہی تو ہے کہ ایک عورت کی عزت اسی کے شوہر کے سامنے لوٹی جاتی ہے۔اسی طرح مابعد جدید متن کی ایک اور خصوصیت جادوئی حقیقت نگاری (Magic Realism) کا بھی خاصا اثر ان کے متن پر ہے۔اس کی خوبصورت مثالیں ''حنظل'' کے علاوہ ''ملبہ'' میں ملتی ہیں۔ افسانہ ''خس آتش سوار'' میں گرودیو کے ذریعے حقیقت کی حقیقت کیا ہے سے متعلق طرح طرح کے تاویلات یکجا کردیے گئے ہیں۔افسانے میں پیش کردہ ان مباحث سے یہ پتہ چلتا ہے کہ حقیقت، مقام اور وقت کے اعتبار سے بدلتی رہتی ہے۔حقیقت کوئی ٹھوس شے نہیں بلکہ اضافی قدر ہے۔ غرض ان کے افسانوں میں علامت نگاری، اسطور سازی، نفسی تجربوں اور دیگر مابعد جدید حسیت کی بڑی خوبصورتی سے اسٹرکچرنگ کی گئی ہے۔

ارسطو نے نثری اسلوب کے لیے استعارے کو ضروری قرار دیا تھا تب شاعری اور نثر کی پرکھ کے پیمانے الگ الگ نہ تھے۔نثر میں جتنی ضرورت تشبیہ (خاص طور سے فکشن کی نثر میں) کی ہے اتنی استعارے کی نہیں۔ بیگ احساس کے بیانیے میں تشبیہ سے زیادہ کام لیا گیا ہے اور تمثیلی انداز کے ذریعے بھی

اپنی بات میں وقار پیدا کیا گیا ہے۔ مثال کے طور پر ان کی کہانی ''میوزیکل چیئر'' سامنے رکھیے۔ یہ کہانی آج کی مصروف زندگی، مسابقے سے بھری زندگی، وسائل کی قلت سے پیدا شدہ بے حسی کو آشکار کرتی تو ہے مگر مرکز میں ''عورت'' کی ذات کو لا کر تانیثی اقدار سے متعلق ڈسکورس پر تبصرہ کرتی ہے کہ کیسے عورت صرف ''سیکس'' سے جڑی ہوئی فقط ایک مشین کا نام ہے۔ ایک عورت کا بچہ کاندھے پر ہے۔ بس میں سیٹ کی کمی ہے۔ سیٹ ہتھیانے کی دوڑ، یہ سارے ساختیے اقدار پر بھی چوٹ کرتے ہیں۔ افسانے میں اچانک ایک جملہ ابھرتا ہے۔ ''فگیر آج کی عورت کا سب سے اہم مسئلہ ہے۔''

شروع کے جملے میں تشبیہ کا اندازہ کریں:

''چلچلاتی دھوپ، سیاہ سڑک کی نس نس میں اتر گئی اور سڑک اژدہے کی طرح پھنکار مارنے لگی۔ اس پھنکار سے موڑ کا منظر دھندلا گیا۔ اسی وقت ایک تیز رفتار بس دھند کی چادر چاک کر کے نکلی تو یوں محسوس ہوا جیسے کوئی موٹا سا سرخ کیڑا اژدہے کی چکنی پیٹھ پر رینگ رہا ہو۔''

اس تشبیہ سے انسان کی مادّی ترقی پر کس طرح کا طنز کیا گیا ہے۔ آپ خود بھی جملے پڑھ کر اندازہ کر سکتے ہیں۔ منفرد تشبیہ ہے۔

افسانہ ''کرفیو'' کی عورت ایک مرد کے ساتھ اس کے گھر میں رات گزارنے پر مجبور ہے۔ اپنی عفت کو بچانے کے لیے ایک عجیب کشمکش میں مبتلا ہے۔ دوسری طرف ایک ہرنی کی کہانی بطور تمثیل:

''اس کے اندر چھپی ہوئی ہرنی نے دیکھا۔ اس عفریت نے بہت سی ہرنیوں کا خون پیا ہے اور اس عفریت کو ختم کرنے کے بہانے بہت سے محافظوں نے بھیڑیوں کی طرح ہرنیوں کا شکار کیا ہے۔ وہاں بہت سے بھیڑیے دانت نکوسے کھڑے تھے۔ ایسے میں وہ اس کی بوٹیاں نوچ کر گولی مار سکتے ہیں...''

عورت کے اندر پیدا ہونے والی کشمکش کا منظر، تمثیل کے سہارے بیان کرنا پھر اس کا شہر میں لگے کرفیو سے رشتہ قائم کرنا اور پھر اس کرفیو کی طرف اشارہ کرنا جسے سماج کے ذریعے عورت کے فطری جذبات پر لگایا گیا ہے۔ پس منظر، پیش منظر کی مدد سے معنی کے نئے وسیلے پیدا کر کے عورت کی ذات پر لگائے گئے پہرے اور معنی پر بٹھائے گئے پہرے کی طرف اشارہ کرنا ہے۔ اس کہانی میں منظری اسلوب کا خوبصورت استعمال کیا گیا ہے اور ایک سچویشن پر دوسری سچویشن کو منطبق کر کے گہرے معنی پیدا کیے گئے ہیں۔

بیگ احساس نے اپنی کہانی میں ایسے محاوروں کا استعمال کیا ہے جن کی وجہ سے اجتماعی حافظے کی دنیا جاگ اٹھتی ہے مثلاً ''خس آتش سوار'' جس میں قدیم ہندوستان کے مٹھوں کا نقشہ کھینچا گیا ہے جہاں عورت مرد ساتھ ساتھ گرو دیو سے نظری علوم کے بجائے عملی علوم سیکھتے تھے۔ اس کہانی میں ایک جگہ محاورے کے ذریعے کچھ اس طرح سے اجتماعی حافظے کو تازہ کیا گیا ہے:

''دراز قد چیلے کو سب نے دھکیل کر برتن تک پہنچایا۔ طوطے کی شکل، آنکھوں میں کیچڑ۔ اس کے چہرے پر سب سے نمایاں زبان تھی۔ بار بار تلوے چاٹنے کے عمل سے لپلپی ہو گئی تھی۔''

غور کریں۔ اس نثری اقتباس میں کئی ایک محاورے استعمال کیے گئے ہیں اور جس کے اندر چھپی ہوئی کہانیاں یاد آتی ہیں۔ مثلاً طوطا چشمی، زبان کا جیتا کرتوت کا ہارا۔ تلوے چاٹنا وغیرہ۔

آپ نے غور کیا ہوگا کہ بیگ احساس کی کہانیوں میں کرداروں کا کوئی حتمی نام نہیں ہوتا۔ وہ اپنے سیاق و سباق سے پہچانے جاتے ہیں۔ ان کے یہاں تشبیہی ساخت کے استعارے زیادہ استعمال ہوئے ہیں۔ کردار کو تمثیلی انداز کی کہانی کا سیاق فراہم کیا جاتا ہے۔ مثلاً یہاں جملوں کے استعارے پر غور کریں۔ یہ سوانیزے پر سورج سے لئے گئے ہیں۔ اس کا تفہیم پہلے بتایا جا چکا ہے:

''مورنی ہانپنے لگی۔ کتوں نے اس کے سارے خوبصورت پر نوچ لیے تھے۔ فضا میں نرم نرم رنگین پر بکھر گئے تھے۔'' (عصمت دری کا منظر)

کہانی کا رولین کے لیے پہلے یہ لکھ دیتا تھا کہ مردودوں/ ظالموں/ کتوں نے اس لڑکی سے اپنا منہ کالا کیا مگر یہاں اپنے کرداروں کو استعارے میں اس سے بھی بڑی گالی دی گئی ہے جو براہِ راست انداز سے زیادہ معنی خیز ہے۔

آیئے ان کے کچھ افسانوں پر تفصیل سے گفتگو کرتے ہیں اور دیکھتے ہیں کہ کیا واقعی ان کے جملہ افسانوں میں متذکرہ بالا خوبیاں پائی جاتی ہیں۔

ٹائیٹل کہانی ''حنظل'' میں جو ساختیے استعمال کیے گئے ہیں، وہ کچھ اس طرح کے ہیں۔ ''زمین''، ''جڑ''، ''مزدور''، ''درخت'' زمین مقام یعنی مقامیت سے جڑے احساس کا تصور ہے۔ ''مزدور'' ''محنت کش طبقہ'' ''درخت'' تہذیب کا نشان Code ہے۔ افسانے کا پہلا جملہ ہے:

''جب شہر کی زمین تنگ ہو گئی تو لوگ سر چھپانے کے لیے ویرانوں کو آباد کرنے لگے۔''

اخیر کا جملہ ہے:

''اب کوئی اس مکان کے پاس سے نہیں گزرتا کیونکہ ہر وقت ایسی آوازیں جیسے کوئی درخت کے تنے پر آری چلا رہا ہو۔''

افسانے میں صنعتی انقلاب، نو آبادکاری سے پیدا شدہ مسائل نیز فطرت کے مناظر کو ترقی کے زعم میں ختم کرنے کے الیے پر روشنی پڑتی ہے۔ اس کے علاوہ حنظل میں جادوئی حقیقت نگاری کے ذریعے ہندوستان کی ۲۰۰ سالہ تاریخ کی تصویر کھینچی گئی ہے۔ انگریزوں کی آمد کے بعد کس طرح سے ہماری تہذیب کی جڑوں کو نقصان پہنچا، ملک غلام ہوا، اس پر روشنی ڈالی گئی ہے۔ یہاں درخت میں پھل آنا خوشحالی کی طرف اشارہ ہے۔

درخت کا پہلے چھتنار بتانا پھر سڈول بتانا اجتماعی معاشرے کا اجتماعی حافظے سے کٹ کر انفرادیت پسندی کی طرف اشارہ ہے۔ پھر پورے پس منظر کو اسلامی اسطور سے جوڑ دیا گیا ہے کہ کس طرح آدم نے ''پھل'' چکھا تھا اور اس کی

سزا بھگتنی پڑ رہی ہے۔ کیا زندگی میں غلطی و گناہ کا بھی اتنا بڑا درجہ ہوسکتا ہے۔ ''حنظل'' اندرائن کے پھل کا نام ہے جو سخت کڑوا ہوتا ہے لیکن آدم نے جس پھل کو کھایا تھا، وہ میٹھا تھا لذیذ تھا۔ آج وہی پھل اندرائن کے پھل میں تبدیل ہو چکا ہے۔ زندگی کڑوی کسیلی حقیقتوں سے بھر گئی ہے۔ اس افسانے میں جڑوں سے بچھڑنے کا شدید احساس ہے۔

''آسماں بھی تماشائی'' اس مجموعے کی آخری کہانی ہے۔ شروع کے جملے میں ہی صدیوں پہلے کی کہانی کی طرف اشارہ ہے۔ افسانہ ایک سوال سے شروع ہوتا ہے۔ ''آپ وہی بزرگ ہیں نا'' اس نے سوال کیا ''جو صدیوں پہلے نہر حیات کے کنارے ملے تھے۔'' اخیر کے جملے میں بھی نہر حیات کا ذکر ہوتا ہے۔

جملہ اس طرح ہے کہ ''یہ کہہ کر وہ بزرگ غائب ہوگئے۔ وہ نہر حیات کے کنارے تنہا رہ گیا۔''

افسانے کے شروع میں جو جملہ ہے وہ story oriented ہے۔ سوال پیدا ہوتا ہے کون بزرگ؟ ظاہر ہے اشارہ خواجہ خضر کی جانب ہے۔ سوال کرنے والا ایک مسافر معلوم ہوتا ہے جو شاید ایک رپورٹر ہے۔ خواجہ اس کو اپنے ساتھ سفر کرنے کے لیے اجازت تو دے دیتے ہیں مگر تنبیہ کرتے ہیں کہ وہ کچھ دیکھے تو ان سے سوال نہ کرے اور اگر اس نے سوال کیا تو وہ اس سے پھر الگ ہو جائیں گے۔

پہلا منظر صدیوں پرانی بستی کا ہے۔ جس میں کچھ لوگ پیشانی پر ایک رنگ کی پٹیاں باندھے ہوئے ہیں۔ ایسا معلوم ہوتا ہے کہ مصنف کا اشارہ کارسیوکوں کی طرف ہے۔ اس افسانے میں بار بار ایک ''عمارت'' کا ذکر کیا گیا ہے۔ معلوم ہوتا ہے کہ یہ بابری مسجد ہے۔ اس کے بعد بیگ نے مسلمانوں کے کئی طبقات میں سے تین یا چار کرداروں کو منتخب کیا ہے جس کی سوچ بابری مسجد کے حوالے سے سامنے لائی گئی ہے۔ پہلا کردار مذہبی ہے۔ وہ ایک ''چراغ'' سے چپکا ہوا ہے اور اس کی جی جان سے حفاظت کرنا چاہتا ہے۔

چراغ بیک وقت قدامت پسندی کی علامت ہے اور یہ بھی کہ مخصوص کلچر کی علامت ہے۔ چراغ کا تحفظ اپنے کلچر کا تحفظ ہے۔ اپنی شناخت کو برقرار رکھنا ہے۔ افسانے میں مندرجہ ذیل جملے اسی حقیقت کی طرف اشارہ کرتے ہیں:

مسافر:۔۔۔ لیکن یہ تو بہت ہی قدیم چراغ ہے۔'' ہاں مجھے یہی پسند ہے۔۔۔۔ اللہ کی رسی کو مضبوطی سے تھام لو۔''

عبادت گاہوں کو ویران کر دیا جائے تو وہ زمین سے ہٹالی جاتی ہیں۔

اس Religious prediction کے ساتھ ایک تلمیح بھی اس صورتِ حال پر دال ہے۔ مثلاً۔۔۔ ''اعمال درست کرلو تو وہی حفاظت کرے گا۔ کیا اس نے پرندے نہیں بھیجے تھے جن کے پنجوں میں کنکریاں تھیں۔''

دوسرا کردار لیڈر ہے۔ وہ پرجوش باتیں کرتا ہے کہ اسلام خطرے میں ہے۔ یہ کر دوں گا۔ وہ کر دوں گا۔ تیسرا کردار متوسط طبقے کا ایک ادھیڑ عمر شخص ہے۔ بیٹا بڑی مشکل سے عرب گیا ہے۔ اب گھر کے حالات سدھرے ہیں۔ مشکل سے مکان بنا ہے۔ آرام آسائش کی ہر چیز گھر میں ہے۔ اب اچھے دن آئے ہیں کہ یہ جھمیلا پیدا ہوگیا ہے۔ اس کا خیال ہے کہ وہ جو کچھ کرنا چاہتے ہیں، کر لینے دیا جائے کیا حرج ہے۔

چوتھا کردار ترقی پسند ہے شاید پروفیسر ہے۔ کتاب پڑھ رہا ہے۔ خواجہ اور رپورٹر جب اس سے مسئلے کی طرف دھیان دینے کو کہتے ہیں تو لکچر دیتا ہے:

''مذہب نے بڑی گڑبڑ مچائی ہے دنیا میں۔ دراصل سارا کرئسس شناخت کا ہے اور اپنی شناخت کے لیے کچھ لوگ مذہب کا سہارا لے رہے ہیں۔ مذہب کی روح ختم ہوگئی ہے۔ اب مذہب روایت بن گیا ہے۔ (آسماں بھی تماشائی ص:119)

اس کردار کی باتوں کو کوئی نہیں سنتا۔ اس کا کہنا ہے کہ ''میرے پاس وہ لفظ ہی نہیں جو ان کی ذہنی سطح کو چھوسکیں۔ وہ (یعنی لوگ) اس کی بات سنتے ہیں جو چھت پر کھڑا ہے۔'' یہی نہیں اس افسانے میں ان کرداروں کے علاوہ عرب کے شہنشاہ وغیرہ بھی ہیں جو اس لڑائی میں شریک اس لیے نہیں ہونا چاہتے کیونکہ ان کا خیال ہے کہ ''پھر ہمارے ہاتھ میں اونٹ کی نکیل آجائے گی۔'' دولت مند ہیں جو دروازے بند کر کے اندر اپنے آپ کو محفوظ سمجھ رہے ہیں۔ اس کہانی میں سفید مکان والا ہے جو لیڈر ہے وہ محل والوں سے بہتر ہے کہ وہ کم از کم برا یا بھلا رول اس افراتفری کو ختم کرنے کے لیے نبھا رہا ہے۔ خواجہ کے ساتھ چل رہا مسافر/ رپورٹر بار بار سوال منع کرنے پر بھی کرتا ہے جسے خواجہ ڈانٹ دیتے ہیں۔ اس طرح اس افسانے میں تقریباً سات بار رپورٹر سوال کر چکتا ہے۔ حالانکہ خواجہ نے سوال نہ کرنے کی تاکید کی ہے۔ سوال دیکھیں:

۱- آپ وہی بزرگ ہیں نا''......

۲- لیکن اے بزرگ یہ سب کیسے ہوا؟ (یعنی مسلمانوں کے شاندار ماضی کا خاتمہ کیسے ہوگیا) خضر۔۔۔ لمبی کہانی ہے۔ کیا تم سوال کے علاوہ کچھ اور نہیں کر سکتے۔ (خضر کے جواب میں کتنا طنز ہے۔)

۳- اس نے بزرگ سے سوال کیا ''اپنی سانسوں کے چھننے کے خوف سے یہ لوگ اپنے محلوں کے دروازے بند کرلیں گے تو کیا طوفان سے بچ جائیں گے؟ (اس مرتبہ بزرگ نے شرط کے خلاف سوال کرنے پر تنبیہ فرمائی)۔

۴- حاکم نے منافقت کیوں کی؟ اونگھتی ہوئی فوج نے نہتھوں پر گولیاں کیوں چلائیں؟

۵- سیاہ فام لوگوں سے متعلق اظہار افسوس کا سوال۔

۶- ایسا کیوں ہو رہا ہے؟

۷- جب وہ سب بھوک سے مرجائیں گے تو وہ کس پر حکومت کریں گے؟

بزرگ نے کہا لو صاحب اب مجھ میں اور تم میں حسب قرار جدائی ہوگئی۔ تم نے خود ہی کہا تھا کہ میں کوئی بات پوچھوں تو مجھے الگ کر دینا۔

اس کہانی میں جس ماقبل متن کی یاد تازہ ہوتی ہے وہ متن حاتم طائی کا سات سوال ہے۔ یہاں ہر سوال کا پس منظر حاتم کے سوال سے بھی زیادہ پراسرار اور جواب

طلب ہے۔سوال قاری کے اندر متن کی از سرِ نو تعمیر کا جذبہ پیدا کرتے ہیں۔خاص طور سے خواجہ کا سوال پر پابندی لگانا اور سوال کرنے پر اس کا جواب نہ دینا متن میں ایک ایسا گیپ پیدا کرتا ہے جو قاری اپنے جواب سے پر کرسکتا ہے۔ داستانوں میں اکثر سوال نہ کرنے اور جواب نہ دینے کے پیچھے داستان کے راز کو پوشیدہ رکھنا ہوتا تھا۔ حالانکہ ان سوالوں کے جوابات بیانیے میں پوشیدہ ہیں۔ آخری سوال کے بعد سوال کرنے والے خواجہ کا۔ یہ استفسار کہ— ''لیکن اس وقت تو آپ نے سارے سوالوں کی وضاحت کی تھی اور بعد میں علٰحیدگی اختیار کی تھی۔''

خضر کا کہنا ہے کہ— ''ہاں وہ ان دنوں کی بات تھی جب علم ادھورا تھا اور وقفہ وقفہ سے بھیجا جارہا تھا لیکن اب آسمانی سبق مکمل ہوچکا ہے۔اب کوئی آنے والا نہیں۔ اس لیے آسمان خاموش تماشائی بن گیا ہے۔اپنے سوالوں کا جواب خود ہی تلاش کرو۔''

اشارہ قرآن کی آیتوں کے نزول کی طرف ہے اور اس کے مکمل ہونے کی طرف ہے—

زیادہ سوال کرنا بچوں کی فطرت ہے لیکن بچے میں حالات بدلنے کی سکت کہاں ہوتی ہے۔موجودہ زمانے کے مسائل نے نئی نسل کو جیسے سوالوں کا مجسمہ بنا دیا ہے۔اس افسانے میں جس مسئلے کو شدت سے اٹھایا گیا ہے۔وہ شناخت کا مسئلہ ہے اور یہ ایک پیچیدہ مسئلہ ہے۔ چراغ سے چپکا ہوا بوڑھا شخص اپنی شناخت کھونا نہیں چاہتا۔مگر جس کے گھر سب کچھ موجود ہے وہ اپنی شناخت کھو چکا ہے یا نئی شناخت کی فکر میں ہے۔ لیڈر کچھ اور طرح کی شناخت رکھتا ہے۔مگر ''اسلام خطرے میں ہے'' جیسے نعرہ لگانے والے کی آواز میں آواز ملا کر اپنی شناخت پر ایک جھوٹی پرت چڑھائے رکھتا ہے۔سعودی عرب کا بادشاہ بھی اپنی شناخت بھول کر کسی اور قسم کی شناخت کی تشکیل میں منہمک ہے۔ بوڑھا ترقی پسند پروفیسر مذہب سے الگ شناخت بنانے کی وکالت کرتا ہے۔ مارکس نے کلاس کو، طبقے کو تشخص سے جوڑا۔ ذات کے اعتبار سے انسان نہیں پہچانا جاتا۔اگر مذہب کو شناخت بنایا جائے تو یہ ایک طرح کا مغالطہ آمیز شعور False Consciousness ہے۔ جدیدیت کے نزدیک آپ کا موجودہ ہیولی، حیثیت ہی آپ کی شناخت ہے۔آپ نے جو کچھ حاصل کیا ہے، وہ آپ کی شناخت ہے یعنی Rationality ہی شناخت ہے۔اس کے پیچھے پونجی وادی تصور کام کررہا ہے جو اصلی مدے سے انسان کو بھٹکا رہا ہے۔مابعد جدیدحسیت کے مطابق:

Identity is Multy Layered یعنی شناخت کو پوری طرح سے Define نہیں کیا جاسکتا۔اوپر سے کچھ اور دِکھے گا اور جب کھرچنے گا تو کچھ اور نکلے گا۔زیادہ سے زیادہ آدمی اپنے مقام سے جڑا ہوتا ہے۔اسے وہی رکھ کر دیکھنا مناسب ہے۔اس افسانے میں شناخت کو اس نئے تناظر میں دیکھنے کی کوشش کی گئی ہے۔ بیگ احساس نے اپنے کئی افسانوں میں اس سوال کو اٹھایا ہے۔ مثلاً ''اجنبی اجنبی'' میں ایک آدمی جو بیرونی ممالک میں جا کر کماتا ہے۔سال میں دو سال میں ایک دن گھر آتا ہے۔ بیوی اکیلی ہوتی ہے۔ بچے چھوٹے سے بڑے ہوجاتے ہیں۔ایک بار جب وہ گھر آتا ہے تو لوگ اسے ایک خاص مدت گزرنے کے بعد جلدی لوٹ جانے کے لیے مجبور کرتے ہیں۔ بیوی کی آنکھوں میں کوئی بے قراری نہیں ہے۔سارے لوگ اس کی کمائی پر نظر رکھتے ہیں بلکہ اسے پیسے کمانے کی مشین سمجھ رہے ہیں۔ بیوی شوکت صدیقی کو ایس۔ کے۔صدیقی بنا دیتی ہے۔یہ شناخت کے کھونے کی پہلی سطح ہے، اس کے پوچھنے پر بتاتی ہے کہ ایس۔ کے صدیقی وہ خود ہے۔یعنی اُسے معلوم بھی نہ تھا اور اسی کا نام اُس کی بیوی نے بدل دیا تھا۔

۱- ''پانی کے شاور کے نیچے یہی سوچتا رہا کہ ایس۔ کے۔صدیقی کون ہے؟

۲- گیٹ پر لگی نیم پلیٹ پر کس ایس۔ کے۔صدیقی کا نام لکھا تھا (اجنبی اجنبی ص:۴۵)

۳- زندگی ایک طویل اکتاہٹ کا صحرا بن گئی۔(ص:۳۸)

اس افسانے کے عنوان کا اس متن سے گہرا رشتہ ہے۔آسمان خاموش تماشائی یا ''آسمان بھی تماشائی'' سماج کے ان لوگوں کی بے حسی کا استعارہ ہے جن کے ہاتھ میں طاقت ہے۔وہ چاہیں تو حالات کا رخ موڑ سکتے ہیں مگر محض تماشائی بننے میں ان کا فائدہ ہے۔''تماشائی'' یا تماشا اس عہد کی سائیکی ہے۔ ہر شے فکشن کی طرح مبہوت کردینے والی ہے۔لوگ دیکھنے سے زیادہ خوش ہیں۔اس لیے جو کچھ بھی سنتے ہیں۔وہ دیکھنے کے عمل کا حصہ بن جاتا ہے۔کوئی کچھ کرنے کے درپے نہیں ہے۔مشینوں نے بھی اس سائیکی کے فروغ میں خاصا حصہ لیا ہے۔

اس مجموعے کا ایک افسانہ ''برزخ'' موضوع اور تکنیک کے اعتبار سے الگ ذائقے کا افسانہ ہے— افسانے کا پہلا جملہ ہے۔''اس کرب سے نجات پانے کا ایک ہی طریقہ میری سمجھ میں آرہا ہے کہ میں وقت کے حصار سے نکل جاؤں۔''

افسانے کا آخری جملہ کچھ اس طرح سے ہے:

اور اچانک ہی وہ سارے منتظر لمحے جوان دیواروں کے باہر رکھے تھے حملہ آور ہوگئے اور ایک بار پھر وہ وقت کے حصار میں قید ہوگیا۔

شروع اور آخر کے دونوں جملے مرکب جملے ہیں۔ایک میں وقت سے باہر ہوجانے یعنی زمان ومکان کی قید سے بالاتر ہوجانے کی تمنا ہے تو اخیر میں اس میں کامیاب نہ ہونے کا افسوس۔ یہ افسانہ ایک اپاہج کی سوچ ہے، اس کے کرب کی افسوس ناک تصویر ہے۔ وہ زندہ ہے مگر ہر لمحہ موت سے ہمکنار ہے۔ طرح طرح کے احساس کمتری میں مبتلا ہے۔ بیوی سامنے ہے۔ ہر طرح سے دلجوئی کرتی ہے مگر اسے ہر پل اپنے اپاہج پن کا غم ستا رہا ہے۔اس افسانے میں موت اور زندگی سے متعلق اور خاص طور سے وقت سے متعلق ایسے جملے لکھے گئے ہیں جن سے یہ پتہ چلتا ہے کہ فکشن میں کتنے عمیق مشاہدے اور بلند تخیل کی ضرورت ہوتی ہے۔ایسے ایسے تصورات فکشن میں مصنف کے سامنے آتے ہیں جسے زبان کے مروجہ اسلوب میں بیان کرنا مشکل ہوجاتا ہے۔

پچھلے صفحات پر جو جملے نقل کئے گئے ہیں ان کو ایک بار اور پڑھیے تو اس

بات کا اندازہ آپ کو بھی ہوگا۔افسانے کی اصل تھیسس ان پختہ جملوں میں پوشیدہ ہے۔افسانے میں اوپری سطح پر تو وقت کا فلسفہ نظر آتا ہے۔مگر زیریں سطح پر معنی کی ایک عجیب وغریب دنیا تشکیل ہوجاتی ہے۔اگر افسانے کا موضوع فقط وقت کی تعبیر ہوتا تو افسانہ کبھی بھی کامیاب نہ ہوتا۔کیونکہ وقت پر اب تک امام شافعی سے لے کر مولانا رومی اور برگساں، اقبال اور آئنسٹائن وغیرہ نے جس طریقے سے بحث کیا ہے وہ اہل نظر سے مخفی نہیں ہے۔جب آپ افسانے کی تہہ میں اتریں تو پتہ چلتا ہے کہ اس کہانی کو پڑھتے ہوئے کئی ایک اسطوری/ مذہبی کہانیاں ہمارے سامنے آن کھڑی ہوتی ہیں۔اس کہانی کو پڑھتے ہوئے قرآن میں مذکور اصحاب کہف کا واقعہ سامنے آتا ہے جس میں وقت کے فلسفے کا بیان ملتا ہے۔پران میں وشنو اور نارد کا واقعہ بھی کچھ اسی نوعیت کا ہے۔یہ واقعہ ''مایا درشن'' پر مبنی ہے۔ان واقعات کے یاد آتے ہی ''برزخ'' میں بڑی معنوی گہرائی پیدا ہوجاتی ہے۔ بین المتنیت ہر عظیم ادب کا مقدر ہے۔اس عمل کے ذریعے وقت کے بڑھنے کا احساس پیدا ہوتا ہے۔برزخ کہانی اور اصحاب کہف اور پران کے مایا کے تصور پر مبنی کہانی میں فرق کیا ہے؟

اس کہانی اور اس سے جڑی ہوئی اسطوری کہانیوں مثلاً اصحاب کہف کی کہانی میں فرق یہ ہے کہ اصحاب کہف نے یہ نہیں چاہا تھا کہ وہ صدیوں کی نیند سوجائیں۔نارَد نے بھی یہ نہیں چاہا تھا کہ وہ اپنی یادداشت کھودیں اور وشنو کے پاس نہ جاکر کسی کے گھر پہنچ کر گھر جمائی بن کر وہیں کے ہو رہیں اور جب یاد واپس آئے تو اپنے آپ کو وہیں پائیں جہاں سے چلے تھے لیکن اس افسانے کا کردار شعوری طور وقت کی قید سے باہر نکلنے کی کوشش کرتا ہے۔وہ اپاہج ہے یعنی محض گوشت کا ایک لوتھڑا ہے۔''وہیل چیئر'' ہی اس کے پاؤں ہیں۔محض زندہ ہے مگر حرکت سے عاری ہے۔وقت پہاڑ کی طرح اس پر مسلط ہے۔وقت کاٹے نہیں کٹ رہا ہے۔ایسے میں وہ کیا کرے۔سارا غصہ وقت پر طرح طرح سے گفتگو کر کے باہر نکالتا ہے۔وقت کو وہ اپنا حریف سمجھتا ہے۔وہ وقت پر اتنا بحث کرتا ہے کہ شروع میں افسانہ وقت پر لکھا گیا ایک مقالہ لگتا ہے لیکن جیسے ہی کردار کے اپاہج وجود اور اس کے کرب کا بیان قاری پر واضح ہوتا ہے۔وقت پر لکھا گیا یہ مقالہ بول اٹھتا ہے۔یہ کردار اصحاب کہف سے منفرد ہوجاتا ہے۔وہ وقت کو مسخر کرنا چاہتا ہے۔وہ چاہتا ہے کہ وقت کے حصار سے باہر نکل جائے اور ایسا کرنے میں وہ کامیاب بھی ہوجاتا ہے۔

ایک دن ایک بچہ اس کمرے میں داخل ہوتا ہے جہاں اپاہج وقت کے حصار سے باہر یعنی وقت کے احساس سے عاری ہو چکا ہے۔بچے نے اس کے سکوت کو توڑا۔اس نے اپاہج سے سکہ مانگا، جس سکے کو اس کی بیوی فرش پر گرا کر بازار چلی گئی تھی جس کی موت حادثے کی وجہ سے ہوگئی تھی۔لڑکا سکہ لے کر بازار میں جاتا ہے مگر سکے کو دوکاندار پرانا سکہ جو کئی سو سال پہلے بازار میں چلتا ہوگا بتاتے ہیں۔لڑکا واپس آکر اپاہج کو بتاتا ہے کہ لوگ کہتے ہیں کہ یہ سکہ سیکڑوں سال پرانا سکہ ہے۔اب تو نیا سکہ چلتا ہے۔اتنا سننا تھا کہ اپاہج پھر سے زمان ومکان کی قید میں آجاتا ہے۔دراصل ہم وقت سے پرے نہیں جاسکتے۔نہ وقت کی تفہیم ممکن ہے۔یہ ایک مایا ہے۔وقت یہاں اپاہج تھا اور لاکھ کوششوں کے باوجود اپاہج ہی رہا ہے۔مطلب صاف ہے کہ وقت ہماری حرکتوں سے وجود میں آتا ہے۔

اس افسانے کا عنوان ''برزخ'' ہی کیوں؟ یہ بھی ایک سوال ہے۔ افسانے کو اپاہج کے حوالے سے دیکھیں تو برزخ جس کے معنی آڑ، پردہ، مرنے کے بعد قیامت تک کا زمانہ، دو مخالف چیزوں کے درمیان کی چیز کے ہیں، سے پتہ چلتا ہے کہ برزخ متن کا ناگزیر حصہ بن گیا ہے۔اپاہج کے ذہن میں جو وقت ہے، وہ دراصل مرنے کے بعد قیامت تک کے زمانے کے انتظار کے مترادف ہے۔اپاہج ایک ایسی کیفیت کا نام ہے جو دو مخالف تصور کے درمیان ایک دردانگیز مرحلہ ہے اور وہ مرحلہ ہے زندگی اور موت کے بیچ اپاہج کا لٹکنا— برزخ افسانہ ایک اپاہج کے احساس کمتری نے تحریر کیا ہے اور وقت اس لیے زیر بحث آگیا ہے کیونکہ اس کے لیے وقت ایک عذاب بن گیا ہے۔تھکن اکتاہٹ پیدا کردینے والے دن بور کر دینے والی راتیں ہیں جس میں وہ گھرا ہوا ہے؟ وہ وقت پر طرح طرح سے سوچتا ہے اور اسے کوستا ہے۔دراصل ''برزخ'' وقت پر لکھا گیا افسانہ نہ ہوکر ایک اپاہج کی بے چینی کا وسیلہ بن جاتا ہے یعنی دو مخالف حقیقتوں موت اور زندگی کے تصادم کے درمیان تخلیقی عمل کا استعارہ بن جاتا ہے۔اس طرح افسانے کا عنوان متن کے معنی کو اور کھولنے کا ذریعہ بن گیا ہے۔ بیگ احساس کے افسانوں میں عنوان نظمیہ عنوان نہ ہوکر نثری حسیت کو اجاگر کرتے ہیں اور متن کا ناگزیر حصہ بن جاتے ہیں—

اخیر میں یہ کہنا مبالغہ نہ ہوگا کہ بیگ احساس کے افسانے جدید حسیت اور جدید بیانیات کی فن کارانہ مثالیں ہیں۔گذشتہ دس پندرہ برسوں میں اردو افسانے کے افق پر جو نام ابھرے ہیں، ان میں بیگ احساس کا نام ایک قابل قدر نام ہے۔

افسانہ

دخمہ

پروفیسر بیگ احساس

سامنے سہراب کی نعش تھی اور اس کے پیچھے دو دو پارسی سفید لباس پہنے ہاتھ میں پیوند کا کنارہ پکڑے خاموشی سے چل رہے تھے۔ ان کے پیچھے ہم لوگ تھے۔ ''دَخمہ'' کی گیٹ پر ہم لوگ رک گیے۔ ہمیں اندر جانے کی اجازت نہیں تھی۔

میں نے ماحول کا جائزہ لیا۔ سب کچھ ویسا ہی تھا۔ کچھ بھی نہیں بدلا میری بہن کا گھر بھی!! لیکن اس گھر میں اب میرا کوئی نہیں رہتا تھا۔ میری بہن اور بہنوئی کا انتقال ہوئے ایک عرصہ ہو چکا تھا۔ میری بھانجی اسی شہر میں اپنے شوہر کے ساتھ رہتی تھی۔

اسکول کی چھٹیاں ہوتے ہی میں اپنی بہن کے پاس دوڑا چلا آتا۔ وہ میری سب سے بڑی بہن تھیں درمیان میں چھ اور بہنیں اور ان کے بعد سب سے چھوٹا میں۔ اکلوتا بھائی۔ میری بھانجی مجھ سے صرف دو برس چھوٹی تھی۔ ہم دونوں خوب کھیلا کرتے۔

وہ گھر مجھے بہت اچھا لگتا تھا۔ چٹان پر بنا ہوا خوب صورت مکان اسٹیشن کے اس پار۔ پلاننگ کے ساتھ بنائے ہوئے بنگلے۔ درمیان میں سیدھی تار کول کی سڑکیں۔ کافی چڑھاؤ اور اتار تھے۔ ایک زمانے میں اس جڑواں شہر میں صرف تانگے چلتے تھے۔ سائکل رکشاؤں کا داخلہ ممنوع تھا۔ میری بہن کے گھر پہنچتے پہنچتے گھوڑا ہانپنے لگتا۔ چڑھائی پر گھوڑے کے پیر جمتے نہ تھے۔ جب ہم تانگے سے اترنے لگتے تو تانگے والا خاص انداز میں توازن بنائے رکھتا۔ مشرقی جانب واٹر ریز روائر تھا۔ مغرب میں جہاں سڑک مسطح ہو جاتی ہے سینٹ فلومینا چرچ تھا۔ چرچ میں مشنری اسکول بھی تھا۔ کھلی ٹانگوں والے یونیفارم کے اسکول کو کم ہی مسلمان لڑکیاں جاتی تھیں۔ میری بھانجی بھی اسلامیہ اسکول میں پڑھتی تھی۔ لیکن ہم لوگوں نے چرچ کا چپہ چپہ دیکھا تھا۔ کیوں کہ بچوں کو کوئی نہیں روکتا تھا۔ اتوار کے دن اطراف کے کرسچن prayer کے لیے آجاتے فضا میں گھنٹے گونجنے لگتے تو بڑا اچھا لگتا۔ پتہ ہی نہیں چلتا کہ گھنٹے کون بجاتا ہے۔ مسجد کافی فاصلے پر تھی جہاں چھوٹے چھوٹے بے ترتیب مکان تھے۔

گھر کے مقابل اونچی چٹان بلکہ پہاڑ پر ایک دائرہ نما عمارت بنی ہوئی تھی۔ کئی ایکڑ پر پھیلا ہوا علاقہ تھا۔ بہت بڑی باؤنڈری تھی۔ نیچے بڑا سا گیٹ تھا۔ لوگ اس کو پارسی گٹھ کہتے تھے۔ احاطہ میں ایک چھوٹا سا مکان بنا ہوا تھا۔ جس میں چوکیدار، اس کی بیوی اور ایک کتا رہتے۔ عجیب سا پراسرار کتا!! محلے کے اکثر گھروں میں السیشن تھے یہ کتا ان سے مختلف تھا۔ دور سے ایسا لگتا جیسے اس کی چار آنکھیں ہوں۔

میری بہن پارسی گٹھ جانے سے منع کرتی تھیں۔ کہتی تھیں بچوں کو وہاں نہیں جانا چاہیے۔

ایک دن ہم نے دیکھا پارسی گٹھ کا گیٹ کھلا چھوڑ دیا گیا ہے اور چوکیدار صاحب بے حد مصروف ہیں۔ ۱۱ بجے دھوپ میں سفید کپڑوں میں ملبوس دو دو پارسی ایک رومال کے دو مختلف سرے پکڑے ہوئے ایک قطار میں چلے آرہے ہیں۔ سب سے آگے دو پارسی تھے۔ درمیان میں ایک گاڑی۔۔۔ پھر پارسیوں کی قطار۔۔۔!! تقریباً ایک بجے تک وہ لوگ مصروف رہے پھر واپس ہو گئے۔ شام ہونے سے پہلے گدھوں کے جھنڈ آنا شروع ہوئے۔ وہ سب اس دائرہ نما عمارت کے کنارے پر بیٹھ گئے۔ شام ہوتے ہوتے سارے گدھ اڑ گئے میں نے ایک ساتھ اتنے سارے گدھ پہلی بار دیکھے تھے شام تک وہ مصروف رہے۔

میں نے اپنی بہن سے پوچھا کہ ''اتنے گدھ اس عمارت پر کیوں جمع ہو گئے تھے؟'' بہن نے بتایا پارسی گٹھ اصل میں پارسیوں کا قبرستان ہے۔ پارسی مرنے والے کی نعش کو چھت پر رکھ دیتے ہیں تا کہ گدھ اس نعش کو نوچ کھائیں یہ سارے گدھ اسی لیے آئے تھے۔

''یہ کیسا طریقہ ہے آپی؟'' میں نے جھرجھری سی لے کر کہا۔

''بیٹا اپنا اپنا عقیدہ ہے۔ کوئی دفن کرتا ہے۔ کوئی جلا دیتا ہے یہ لوگ پرندوں کو کھلا دیتے ہیں اور اسی کو ثواب سمجھتے ہیں۔'' اندھیرا ہونے سے قبل سارے گدھ لوٹ گئے۔ اس کے باوجود ہم اس روز چھت پر نہیں سوئے۔ میں اور میری بھانجی دونوں ڈر کے مارے نیچے کمرے میں ہی سو گئے کیا پتہ کوئی گدھ ہمیں مردہ سمجھ کر۔۔۔

بیدار ہوتے ہی ہم دونوں پارسی گٹھ گئے۔ کتا ہمیں دیکھ کر بھونکنے لگا۔

''ارے بیٹا تم لوگ؟''

''چاچا کل کسی کا انتقال ہوا تھا؟''

''ہاں بیٹا''

''دو دو آدمی کیوں قطار بنا کر چلتے ہیں؟''

''یہی طریقہ ہے۔ تنہا کوئی نہیں چلتا۔''

''انہوں نے رومال کیوں پکڑ رکھا تھا؟''

''وہ رومال نہیں اسے پیوند کہتے ہیں''

''اور یہ گول عمارت؟''

''یہ دَخمہ'' ہے۔ اس کی چھت درمیان سے اونچی ہوتی ہے چھت پر تین دائرے بنے ہیں۔ مرد کی نعش بیرونی دائرے میں، عورت کی درمیانی دائرے میں اور بچوں کی نعش اندرونی دائرے میں رکھی جاتی ہے تا کہ ان پر تیز دھوپ پڑے اور گدھوں کو دور سے نظر آجائے۔''

''چاچا یہ کُتّا اتنا عجیب کیوں ہے؟'' میری بھانجی نے پوچھا

''اسے ''سگ دید'' کہتے ہیں۔ چار آنکھوں والا کتا۔۔۔اس کی چار آنکھیں نہیں ہیں لیکن آنکھوں پر ایسے نشان ہیں جس سے اس کی چار آنکھیں نظر آتی ہیں۔ یہ ''سگ دید'' ہی آدمی کے نیک و بد ہونے کا فیصلہ کرتا ہے۔''

''کیسے چاچا''

''جب بڑے ہوجاؤ گے تو خود ہی پتہ چل جائے گا'' چاچا نے ہمارے سوالات سے اکتا کر کہا

''اور چاچا یہ گدھ کہاں سے آجاتے ہیں؟''

''اگر فرش پر چینی گر جائے تو چیونٹیاں کہاں سے آتی ہیں؟'' چاچا نے سوال کیا اور اندر چلے گئے۔ اس روز بھی ہم چھت پر نہیں سوئے۔

(سہراب بھی ان تمام مراحل سے گزر رہا ہوگا۔)

(۲)

سہراب کا ''میکدہ'' شہر کے مصروف علاقے میں تھا۔ ممکن ہے جس وقت اس کے اجداد نے ''مئے کدہ'' کھولا ہوگا یہ مصروف ترین علاقہ نہ رہا ہو۔ کیوں کہ سامنے راجہ صاحب کی بہت بڑی حویلی تھی۔۔۔بغل میں بھی ایک بہت بڑی حویلی تھی۔۔۔دائیں جانب ڈراما تھیٹر تھا۔ اور بائیں جانب بہت آگے انگریزوں کی ریزیڈنسی تھی۔ مقابل میں ایک چھوٹی سی مسجد تھی مسجد سے لگ کر جو گلی تھی وہ ''مجرد گاہ'' تک جاتی تھی۔ مجرد گاہ ادیبوں' شاعروں اور فن کاروں کا میٹنگ پوائنٹ تھا۔ اس میں فائن آرٹس اکیڈمی بھی تھی اور رسالے کا دفتر بھی۔ ہم لوگ ادیبوں' شاعروں اور فن کاروں کو دیکھنے آجاتے تھے۔ ان دنوں بعض ادیبوں و شاعروں کی شہرت فلمی اداکاروں سے کم نہ تھی۔ بیچلر کوارٹرس کے مقابل ایک بڑا شراب خانہ بھی تھا جہاں سستی شراب فروخت ہوتی۔ اکثر فن کار وہاں چلے جاتے۔ جیب گرم ہوتی تو اکثر ادیب و شاعر مئے کدہ کا رخ کرتے شہر کا یہ سب سے قدیم شراب خانہ تھا!!! ایک تو سہراب خالص شراب بیچتا تھا۔ دوسرے وہ ادیبوں و شاعروں کے مزاج سے اچھی طرح واقف بھی تھا۔ کسی اچھے شعر پر داد بھی دے دیا کرتا۔ پارسی ویسے بھی خوش اخلاق اور مہذب ہوتے ہیں۔ پھر سہراب صرف شراب اور سوڈے کی اصل قیمت لیتا تھا۔ پانی اور گلاسس وہ خود فراہم کرتا۔ اندر ٹیبل اور کرسیاں بھی تھیں۔ گزگ کا کوئی انتظام نہ تھا۔ لڑکے ٹوکریوں میں گرین پیس' بھنی ہوئی مونگ پھلی' چڑوا لیے گھومتے۔ لوگ حسب ضرورت ان سے چیزیں خرید لیتے۔ دوسرے بارس کے مقابلے میں ''مئے کدہ'' نسبتاً کم خرچ تھا۔

ہم نے جس وقت ''مئے کدہ'' جانا شروع کیا۔ شہر کئی انقلابات سے گزر چکا تھا۔ کمیونسٹوں کی شاہی کے خلاف جدوجہد' تلنگانہ تحریک کامیاب تو ہوئی لیکن شاہی کا خاتمہ کانگریس کی نئی حکومت نے کیا تھا۔ پولس ایکشن نے مسلمانوں کو حواس باختہ کر دیا تھا۔ مذہب کے نام پر ملک کی تقسیم سے پوری قوم سنبھلی بھی نہ تھی کہ زبان کی بنیاد پر ریاستوں کی نئی حد بندیاں کی گئیں۔ ریاست کے تین ٹکڑے کر دیے گئے۔ برسوں گزر جانے کے بعد بھی دوسری ریاستوں سے جڑے یہ ٹکڑے ان کا حصہ نہ بن سکے۔ اپنی مستحکم تہذیب کی بنیاد پر ریاست کے یہ حصے ٹاٹ میں مخمل کے پیوند لگتے تھے۔ مذہب کے نام پر تقسیم کو عوام نے قبول نہیں کیا تو زبان کے نام پر ریاستوں کی نئی حد بندیوں کو بھی ایک ہی زبان بولنے والوں نے قبول نہیں کیا۔ دو مختلف کلچر۔!! جس شہر کی تاریخ نہیں ہوتی اس کی تہذیب بھی نہیں ہوتی۔ نئے آنے والوں کی کوئی تاریخ تھی نہ تہذیب ایک مستحکم حکومت کا دارالخلافہ سیاسی جبر کی وجہ سے ان کے ہاتھوں میں آگیا۔ وہ پاگلوں کی طرح خالی زمینوں پر آباد ہوگئے۔ ایک طرف بڑی بڑی حویلیاں حصے بخرے کر کے فروخت کر دی گئیں۔ زمین بیچنا یہاں کی تہذیب کے خلاف تھا۔ شرما شرمی میں قیمتی زمینیں کوڑیوں کے مول فروخت کر دی گئیں۔ آنے والے زمینیں خرید خرید کر کروڑ پتی بن گئے۔ نئے علاقوں کو خوب ترقی دی۔

کسی کوٹھی میں صدر ٹپہ خانہ آگیا' کسی حویلی میں انجنیئرنگ کا آفس' کسی حویلی میں اے۔جی آفس تو کسی حویلی میں بڑا ہوٹل کھل گیا۔ باغات کی جگہ بازار نے لے لی۔ لیڈی حیدری کلب پر سرکاری قبضہ ہوگیا۔ کنگ کوٹھی کے ایک حصے میں سرکاری دواخانہ آگیا۔ جیل کی عمارت منہدم کر کے دواخانہ بنا دیا گیا۔ رومن طرز کی بنی ہوئی تھیٹر میں اب بہت بڑا مال کھل گیا تھا۔ حویلیوں' باغات' جھیلوں اور پختہ سڑکوں کے شہر کی جگہ دوسرے عام شہروں جیسا شہر ابھر رہا تھا جس کی کوئی شناخت نہ تھی۔

چند برسوں میں سب کچھ بدل گیا۔ جو تہذیب کے نمائندے تھے جو تہذیب کو بچا سکتے تھے ان میں سے کچھ اپنی زمینوں کو چھوڑ کر سرحد کے اس پار جا بسے تھے اور کچھ مغربی ممالک میں آباد ہوگئے۔ ولی عہد نے ایک مغربی ملک کو اپنا مسکن بنالیا۔ رعایا کی محبت کا یہ حال تھا کہ جب بھی وہ اس شہر کو آتے تو اس طرح خوشی سے پاگل ہونے لگتے تھے جیسے کوئی فاتح اپنی سلطنت کو لوٹا ہو۔ نہ شاہی خاندان کے افراد کو تہذیب کی فکر تھی۔ نہ امرا کو اور نہ عوام کو۔! ''مئے کدہ'' کے اطراف کا ماحول بھی تبدیل ہوگیا۔ راجہ جی کی حویلی میں سرکاری دواخانہ آگیا۔ سامنے کی کوٹھی میں بینک کا مین آفس' ریذیڈنسی میں ویمنس کالج' ڈراما تھیٹر فلمی تھیٹر میں تبدیل ہوگیا۔ شہر کا نقشہ تیزی سے بدلتا جا رہا تھا۔ تیلگو فلم انڈسٹری مدراس سے یہاں منتقل ہوگئی تھی۔ شہر کی چمک دمک بڑھ گئی۔ فلمی اسٹیڈیوز' 70 ایم ایم تھیٹرز' بڑے بڑے مالس' کپڑوں اور زیورات کی دکانیں۔ سب ان کا تھا۔ سب پر ان کی چھاپ نمایاں ہو رہی تھی۔ ان کی غذاؤں کے ہوٹل آگئے تھے جہاں متوسط طبقے کا آدمی پیٹ بھر کھانا کھا سکتا تھا۔ ''فل میل'' (full meal) ملتا تھا۔ وہ آخر میں بڑے انہماک کے ساتھ چاول میں دہی ملا کر کھانے لگتے تو اکثر دہی بہہ کر کہنیوں تک آجاتا۔ سڑکوں اور کالجس میں سانولے اور سیاہ فام لڑکے لڑکیوں کی تعداد بڑھتی جا رہی تھی۔ بڑی بڑی کاجل بھری آنکھیں۔۔۔نمکین چہرے۔۔۔پشت پر بلاوز دور تک کھلا ہوا۔۔۔پتہ نہیں انھیں پیٹھ کی نمائش کا شوق کیوں تھا؟ مقامی لوگ

لینڈ گرابرس کی فروخت کی ہوئی خشک تالابوں کی زمین پر مکانات بنانے پر مجبور ہوگئے تھے۔ ہر بارش قیامت بن کر آتی۔ مسلسل فسادات نے پرانے شہر کی ساکھ کو بہت متاثر کیا تھا۔ ہفتوں کرفیو لگا رہتا۔ ہر تہوار و عید پر لوگ سہم جاتے۔ اس صورت حال سے تنگ آکر جو پرانا شہر چھوڑ سکتے تھے۔ وہ نئے علاقوں میں جا بسے۔ ساری رونق، بڑی بڑی سڑکیں، فلائی اوور، ہائی ٹیک سٹی سب کچھ نئے شہر میں تھے۔ تمام دفاتر نئے شہر کو منتقل کر دیے گئے تھے۔ پرانے شہر میں کچھ تاریخی عمارتیں رہ گئی تھیں۔ مشہور زمانہ چوڑیوں کا لاڈ بازار تھا۔ پتھر سے تعمیر کی گئی مارکٹ پتھر گٹی تھی۔ عیدوں پر ساری رات یہ بازار جگمگایا کرتے۔ دو تہذیبوں نے الگ الگ جزیرے بنا لیے تھے۔ جب بھی ریاست کے مقامی افراد کو محرومی کا احساس بہت ستاتا تو وہ علیحدہ ریاست کا مطالبہ کرنے لگتے۔ الیکشن کے زمانے میں کوئی باغی لیڈر اس مسئلے کو گرما دیتا۔ کچھ مہینوں خوب ہماہمی رہتی پھر جذبات سرد پڑ جاتے۔

''مئے کدہ'' کا علاقہ بھی اب ڈاون ٹاون بنتا جا رہا تھا۔ پرانے شہر سے نئے علاقے کو منتقل ہونے والوں میں خود میں بھی شامل تھا۔ (''دخمہ'' میں پارسی ابھی تک مصروف تھے۔ کوئی باہر نہیں آیا تھا۔)

ان دنوں ادیبوں کا کوئی میٹنگ پوائنٹ نہیں تھا۔ سب بکھر گئے تھے۔ ہمارے دور کو انتشار کا عہد مان لیا گیا تھا۔ فرد کو مشین قرار دے دیا گیا تھا اور تنہائی کو ہمارا مقدر۔!! یہ تسلیم کر لیا گیا تھا کہ تاریخی، تہذیبی، قومی، معاشرتی، جذباتی و ذہنی ہم آہنگی کی ساری روایتیں منہدم ہو چکی ہیں۔ پورا ادب درونِ ذات کے کرب میں مبتلا تھا۔ اس لیے اب ضروری نہیں تھا کہ سب کسی ایک ہی بار یا ہوٹل میں ملیں۔ شہر بہت پھیل گیا تھا۔ جگہ جگہ وائن شاپس کھل گئے تھے۔ ہم کسی دوست کے گھر جمع ہو جاتے۔ کسی قریبی دکان سے شراب منگوالی جاتی۔ فون کرنے پر ہوٹل سے ''گزگ'' بھی پہنچ جاتی۔ ہوم ڈیلیوری کا رواج ہو گیا تھا۔ اب ''مئے کدہ'' جانا ہی نہیں ہوتا تھا۔

لیکن وہ کیوں سوچ رہا ہے شہر کی تہذیب کے بارے میں شہر کے بارے میں؟ شاید اس لیے کہ ''مئے کدہ'' کو بند دیکھ کر اسے بڑا شاک لگا تھا۔ جیسے تہذیب کا ایک حصہ مر گیا ہو۔

میرا دوست مشیر جو بہتر زندگی کا خواب آنکھوں میں سجائے امریکہ منتقل ہو گیا تھا۔ بیس برس بعد امریکہ سے آیا۔ اپنا شہر چھوڑ کر باہر بس جانے والے ایک تو ناسٹالجک ہو جاتے ہیں دوسرے چیرٹی کرنے کے لیے اتاولے ہوتے ہیں ۔ وہ ایسی ہر جگہ جانا چاہتا تھا جہاں بیس برس قبل ہم جایا کرتے تھے۔ ہر جگہ ساتھ چلتا بہت چیزوں کی تبدیلی پر اداس ہو جاتا۔ ظاہر ہے شہر بہت تیزی سے بدلا تھا اور اس پر گلوبلائزیشن کی پرچھائیاں صاف نظر آ رہی تھیں۔ اسے اس لیے بھی مایوسی ہو رہی تھی کہ جو چیزیں وہاں ترقی یافتہ شکل میں دیکھ کر آیا ہے یہاں اسی کی نقل کی جا رہی ہے۔ شہروں کی شناخت تیزی سے ختم ہو رہی ہے۔ سب شہر ایک جیسے ہو رہے ہیں۔ مجھے یاد آیا کہ پرانی باقیات میں صرف ''مئے کدہ'' بچا ہے جس میں کوئی تبدیلی نہیں آئی۔ وہی عمارت، وہی انتظام، ویسے ہی کاونٹر، وہی مستقل گاہک۔۔۔ جو بوتل خرید کر حسب ضرورت پیتے ہیں اور بچی ہوئی شراب کی بوتل محفوظ کروا لیتے ہیں۔ اس بوتل سے ایک قطرہ بھی کم نہ ہوتا۔۔ دیانت داری ''مئے کدہ'' کی سب سے بڑی خوبی تھی۔ مستقل گاہکوں کو یہاں بڑی اپنائیت محسوس ہوتی تھی۔ مشیر کے یہاں رہنے تک ہم روزانہ ''مئے کدہ'' جایا کرتے تھے۔ ایک خاص وقت تک شغل کرتے پھر اپنی راہ لیتے۔ پتہ نہیں مشیر کو مئے کدہ کی یاد کیوں نہیں آئی۔ امریکہ سے آنے کے بعد اس نے ایک بار بھی شراب کا نام نہیں لیا تھا۔ میں نے اس سے کہا کہ اسے ایک ایسی جگہ لے چلوں گا جو بالکل نہیں بدلی۔ دوسرے روز میں اسے ''مئے کدہ'' لے آیا۔

لیکن ''مئے کدہ'' بند تھا۔ برسوں پہلے ''مئے کدہ'' کی پیشانی پر ابھرے ہوئے لفظوں میں MAI KADA EST: 1904 اسی طرح موجود تھا نیچے اردو میں بھی ''مئے کدہ'' لکھا تھا۔ آس پاس دریافت کیا تو پتہ چلا کافی دنوں سے بند ہے۔ مجھے بڑا شاک لگا۔ اپنی بے خبری پر افسوس بھی ہوا۔ پتہ نہیں یہ سب کب اور کیسے ہوا؟ ایسا محسوس ہوا جیسے تہذیب کا ایک حصہ مر گیا ہو۔

پتہ نہیں سہراب کی صحت کیسی ہے؟ کاروبار میں نقصان تو نہیں ہوا؟ کسی ناگہانی مصیبت میں تو نہیں پھنس گیا؟

ہم لوگوں نے سہراب کے گھر کا پتہ چلایا۔ اس کے گھر پہنچے۔ قدیم پارسی طرز کا مکان تھا۔ ملازم نے ڈرائنگ روم میں بٹھایا۔ ہم دیوار پر ٹنگی تصویریں دیکھنے لگے۔ سہراب نے انتظار نہیں کروایا۔

''آپ'' وہ مجھے دیکھ کر چونک پڑا

''ہاں۔ اور انھیں پہچانا۔ مشیر!!''

''اوہ یاد آیا۔ آپ تو پورے انگریز ہو گئے۔''

''امریکہ میں جو رہتا ہے۔'' میں نے ہنس کر کہا

''آپ تو یہیں رہتے ہیں نا؟'' اس نے ہنس کر کہا

مجھے شرمندگی ہوئی۔

کہیے کیا لیں گے؟

''نہیں میں دن میں نہیں لیتا'' میں نے کہا ''اور مشیر تم؟''

''نہیں میں بھی نہیں لوں گا''

''کوئی تکلف نہیں۔'' اس نے ملازم سے کچھ کہا۔ ''آپ لوگوں کو دیکھے آنکھیں ترس گئیں''

''میں شرمندہ ہوں۔''

''ہاں شہر بھی تو بہت پھیل گیا ہے۔''

''آپ کی صحت کیسی ہے۔''

''اچھا ہوں۔''

''بزنس میں نقصان ہوا؟'' میں نے راست پوچھ لیا

''نہیں۔''

''پھر مئے کدہ''۔؟''

''چھوڑیے کوئی کب تک بزنس کرتا رہے۔ آدمی کو آرام بھی کرنا چاہیے نا۔!''

اتنے میں ملازم ٹرے سجا کر لے آیا۔

''خاص فرانسیسی شراب ہے۔اتنے دن بعد ملے ہیں' انکار نہ کیجیے''

ہم لوگ انکار نہ کرسکے۔ واقعی بڑی نفیس شراب تھی۔ دھیرے دھیرے سرور آنے لگا۔

''آپ بتایئے''مشیر سے مخاطب ہو کر اس نے کہا''امریکہ میں کیسی گزر رہی ہے؟''

''پہلے جیسا تو نہیں ہے۔ یہاں کی گھٹن سے بھاگ کے کچھ دن تو اچھا لگا اب فضا پر حبس چھایا ہوا ہے۔شک کے سائے میں زندگی گزارنا کتنا مشکل ہو جاتا ہے۔اس کا تجربہ پہلے کبھی نہیں ہوا تھا۔''

''سارا منظر نامہ ہی بدل گیا۔''میں نے کہا''وطن کے لیے جدوجہد' بین الاقوامی فیصلوں کی جارحانہ خلاف ورزیاں' دہشت گردی سب گڈ مڈ ہو گئے ہیں۔ایک پوری قوم کو دہشت گردی کے جال میں پھنسا دیا گیا۔ایک آگ سی لگی ہوئی ہے۔جس میں پتہ نہیں کون کون ہاتھ سینک رہا ہے۔لیکن ملزم تیار ہے جرم کہیں بھی کسی نے کیا ہو۔نشان زدہ ملزمین تیار ہیں۔ پولیس نے بھی ظلم کے سارے حربے آزما لیے۔عدالتیں کبھی چھوڑتیں ہیں کبھی نہیں چھوڑتیں۔اور بے وقوف قوم دلدل میں دھنستی ہی جارہی ہے۔''

''آپ تو جذباتی ہو گئے۔ تاریخ اپنے رنگ بدلتی رہتی ہے۔دیکھیے نا ایران سے مسلمانوں نے ہم کو باہر کیا تھا۔اسپین میں مسلمانوں کو باہر کیا گیا۔اس ریاست کو ہم آصف جاہی سلطنت کے چرچے سن کر آئے تھے۔ ہمارے اجداد کو سالار جنگ اول نے مدعو کیا تھا۔انتظامیہ میں ہمیں شامل کیا گیا۔میر محبوب علی خان نے ہمیں خطابات سے نوازا تھا۔نواب سہراب نواز جنگ' فرام جی جنگ' فریدون الملک وغیرہ وغیرہ فارسی یہاں کی سرکاری زبان تھی اور اردو عوامی زبان۔ بریانی' نوابوں اور موتیوں کا شہر۔!! گجراتی' مارواڑی' سندھی سبھی آبسے تھے۔سب کو آزادی حاصل تھی سب نے اپنی اپنی عبادت گاہیں تعمیر کرلیں۔شاہی خزانے سے مدد بھی ملتی تھی۔ ہمارے لیے تو بہت سازگار ماحول تھا۔ بڑا عجیب معاشرہ تھا۔

''اس نے ہنستے ہوئے کہا'' آپ کو یاد ہے؟ نہیں آپ تو بہت چھوٹے رہے ہوں گے۔ تھیٹر میں جب ہم فلم دیکھنے جاتے تو درمیان میں ایک سلائیڈ دکھائی جاتی۔

''وقفہ برائے نماز''لوگ جلدی جلدی فرض نماز پڑھ کر تھیٹر لوٹ آتے۔ رند کے رند رہے ہاتھ سے جنت نہ گئی والا معاملہ تھا۔''

''آپ کو شاہی دور پسند تھا؟''

''نہیں رواداری پسند تھی۔ معاشرے کا کھلا پن اچھا لگتا تھا۔اب تو کٹر پن آ گیا ہے ہر قوم میں۔!''

''ہاں مسلمان بھی خدا حافظ کی جگہ اللہ حافظ اور نماز کے بجائے صلوٰۃ کہہ کر بہت خوش ہونے لگے ہیں''میں نے کہا۔

''مئے کدہ'' آپ نے کیوں بند کر دیا؟''مشیر نے اچانک پوچھا۔

''ارے ہاں میں تو اصل بات ہی بھول گیا''میں نے چونک کر کہا۔

''چھوڑیے۔''

''نہیں بتایئے نا کیا ہوا تھا؟''میں نے اصرار کیا۔کافی دیر تک وہ خاموش رہا۔پھر دھیرے سے کہا

''مسلمانوں نے حکومت سے شکایت کی کہ''مئے کدہ'' مسجد سے بہت قریب ہے جو خلاف قانون ہے''میں سناٹے میں آ گیا۔تو یہ مسلمانوں کا کارنامہ ہے۔میں نے سوچا۔

''لیکن مسجد اور مئے کدہ برسوں سے اسی جگہ ہیں پھر؟''

''وہ شاہی دور تھا۔اب جمہوریت ہے۔!! مسلمان اس ملک کی سب سے بڑی اقلیت ہیں۔اس کا خیال رکھنا حکومت کا فرض بھی تو ہے۔''

''مسلمان بھی بہت کٹر ہوتے جارہے ہیں''مشیر نے کہا۔نشہ چڑھنے لگا تو ہم کٹر مسلمانوں کو نوازنے لگے۔

''مسلمان ہی کیوں''سہراب نے ہمیں روکا سب کا یہی حال ہے خود مجھے دیکھیے۔میں نے شادی نہیں کی کیوں کہ پارسی غیر مذہب میں شادی نہیں کرسکتے۔اس مذہبی شرط کی وجہ سے ہماری تعداد گھٹتی جارہی ہے۔اکثر تاخیر سے شادی کرتے ہیں یا نہیں کرتے۔اب پورے شہر میں بارہ سو پارسی رہ گئے ہیں۔''

''واقعی؟''

''ہاں دوسرا مسئلہ موت کا ہے۔ وہی پرانا دخمہ۔ برہنہ نعش کو جلتی دھوپ میں چھوڑ دیتے ہیں۔اب تقریباً بیس برس سے گدھوں نے شہر کا رخ کرنا چھوڑ دیا ہے۔اب مختلف الخیال گروپ بن گئے ہیں کوئی کہتا ہے نعش کو دفن کر دینا چاہیے۔کوئی جلانے کے حق میں ہے۔الکٹرک بھٹی کے بارے میں بھی غور کیا جارہا ہے۔ کچھ لوگ گدھوں کی Artificial Incimination کے خطوط پر افزائش کے بارے میں سوچ رہے ہیں۔میں تو پرانے طریقے کو ترجیح دوں گا کہتے ہیں کوئی نیک آدمی مرتا ہے تو گدھ آتے ہیں۔ پتہ نہیں ہمارا کیا حشر ہوگا۔!! آپ کے عقیدے کے مطابق شراب بیچنے والا جہنمی ہوتا ہے نا؟''اس نے ٹھنڈی سانس بھری۔

''ہاں۔۔۔اور شراب پینے والا بھی۔اللہ معاف کرے۔!''میں نے کہا۔

ملازم نے آ کر اطلاع دی کہ کھانا تیار ہے۔

''آپ نے تکلف کیوں کیا۔اتنی اچھی شراب پینے کے بعد کھانے کی بالکل اشتہا نہیں ہے۔''

''پارسی ڈشس بنوائی ہیں آپ کے لیے۔۔۔''

ہم کھانے کی میز پر آ گئے۔زندگی میں پہلی بار پارسی ڈشس کھانے کا اتفاق ہو رہا تھا۔اس لیے بھی زیادہ انکار نہ کر سکے۔

''یہ براؤن رائس ہے۔یہ ڈھن سک یہ ساس اِن مچھی اور یہ کچومر سلاڈ''

براون رائس باسمتی چاول کی عمدہ ڈش تھی جس میں چینی اور کالی مرچ شامل تھی۔ڈھن سک تور کی دال' مونگ کی دال اور اُڑد کی دال' انڈے ٹماٹر اور کھیرے سے بنائی گئی ڈش تھی۔ساس اِن مچھی میں بہترین پمفرٹ تھی ساتھ میں کرارے چکن پارچہ بھی تھے۔کھانا واقعی لذیذ تھا۔آخر میں موامی بوئی نام کا مچھلی کا میٹھا پیش کیا گیا۔ہم نے بہت سیر ہو کر کھایا۔سہراب کی مہمان نوازی نے ہمیں بہت متاثر کیا۔

اور آج اطلاع ملی کہ سہراب مر گیا۔

مجھے بار بار یہی خیال آ تا تھا کہ ''مئے کدہ'' کے بند ہو جانے کا اس پر بہت اثر ہوا ہوگا۔اس لیے شاید وہ زیادہ جی نہ سکا ہو۔میں Guilty محسوس کر رہا تھا۔اس کا اپنا کوئی نہ تھا۔دور کے رشتے دار اور چند احباب تھے۔

پارسی باہر آ رہے تھے۔سہراب کی برہنہ نعش کو دخمہ کی چھت پر چھوڑ دیا گیا ہوگا۔میں بار بار آسمان کی طرف دیکھنے لگا۔بہت سے پارسی بھی رک گئے تھے۔اگر گدھ نہ آئیں تو؟ کیا سہراب کی نعش دھوپ میں سوکھتی رہے گی؟ کاش سہراب نے الکٹرک بھٹی کو ترجیح دی ہوتی میں سوچ رہا تھا۔

میں نے غیر ارادی طور پر آسمان کی طرف دیکھا۔مجھے بچپن کا وہ منظر دوبارہ نظر آنے لگا۔گِدھوں کا ایک جھنڈ تیزی سے دخمہ کی طرف آ رہا تھا۔ پارسیوں کے چہرے خوشی سے کھل اٹھے۔بیس برس بعد یہ منظر لوٹا تھا۔

''پتہ نہیں کہاں سے آئے ہیں؟'' وہ ایک دوسرے سے سوال کر رہے تھے۔

''اگر فرش پر چینی گر جائے تو چیونٹیاں کہاں سے آتی ہیں؟'' کوئی میرے کان میں پھسپھسایا۔